弁護士　萬年　浩雄

熱血弁護士の事件ファイル Ⅰ

―企業再生編―

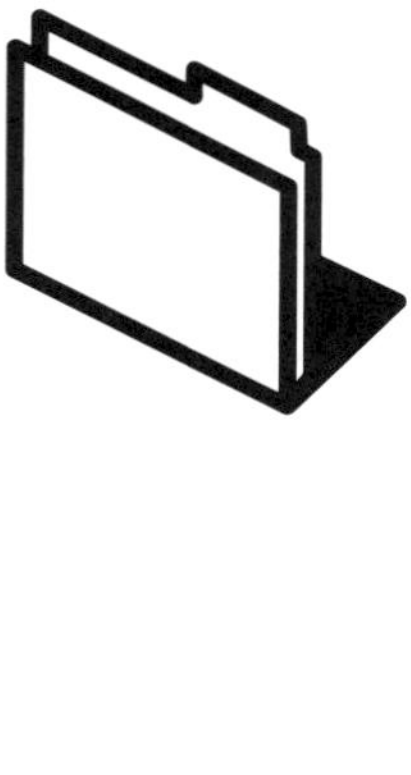

三和書籍

はしがき

本書は、帝国ニュースの連載「弁護士事件簿」(帝国データバンク)の一部及び銀行法務21(経済法令研究会)での連載を加筆訂正し、さらに座談会、講演録を加えた三部構成とした。「弁護士事件簿」は、一九九二年(平成四年)四月二七日の連載開始以来、現在も続いている。「弁護士事件簿」の連載の一五〇話までの一部は、『弁護士だからできること』(リヨン社)で出版し、一五一話から三七二話までの多くを『人を動かす「人間力」の磨き方』(民事法研究会)にまとめた。意外にも、そのどちらも読者の好評を博したことから、今回は「企業再生」に焦点を絞ったものを刊行させていただいた次第である。

私はいわゆる全共闘世代であって、学生時代の思い出は、仲間との激論を含む討論とデモに明け暮れた学生運動がほとんどを占める。その仲間たちも、定年を迎え人生の総決算をする時期を迎えている。幸いにも私は司法試験に合格することができ、弁護士という職業を得たことで、これを天職として、命の続く限り弁護士業務に邁進していきたい。

幼いころの私の憧れの職業は大工職人だった。なにもない土地にさまざまなパーツを組み立てて家を造るという「ものづくり」に私は憧れた。本書にまとめた「企業再生」は、まさに「ものづくり」にほかならないことに気付いたのは、再建途上における依頼者の笑顔や従業員の明るさに接したときである。もとより本件の負債総額は一六〇億円超という膨大なものであり、債権者の数もかなりのものだった。さらに、パチンコ企業の再生は、私にとって未知の領域であることから、経営者と一緒に悩み、激論を闘わせることになった。

幸い企業再生は成功し、経営者、従業員の笑顔は本物となった。この過程で私は、かねてから考え続けていた「人間の生き方」、「経営者の器」、「人間の器」というものの回答を得たような気がした。本書には、主役であるパチンコ店の経営者兄弟のほかに、さまざまな金融機関の担当者が登場し、企業再生に向けた私たちの苦闘が綴られている。

本書は、企業再生に携わる弁護士その他の士業のみなさん、金融機関の担当者等に是非お読みいただきたい。「生きた教材」としてお役に立つことがあれば望外の幸せである。なお、本書が刊行されるにあたっては、連載のコピーを目にした三和書籍高橋考社長が高い関心を示し、編集部部長の渡邊豊氏が出版に向けた努力をしてくれた。両氏に感謝申し上げる。

平成二三年七月吉日

萬年浩雄

熱血弁護士の事件ファイル❶

――企業再生編――

目次

Part 3 熱血講演録 ――企業再生の現場から――

Part 1

熱血弁護士の事件ファイル
――企業再生編――

File 1 受任の経緯

「経営者である自分のためではなく従業員の雇用確保のためです」という若き経営者の言葉で、受任を決意した。

和議法の時代

二〇〇七年（平成一九年）、一〇年がかりで約一六〇億円の債務を負っていた、あるパチンコ店の再建に成功した。

企業再生の方法については、大きく分けて、「法的整理」と「任意整理」という二つの整理方法がある。

現在は、会社更生法と民事再生法が企業再生のための法的措置としてとられているが、民事再生法の前身として、和議法というものがあった。

和議法は、別名「詐欺法」と言われるくらいに悪評だった。その理由は、和議条件が認可されたものの、その半数以上が、その後、破産に移行して再生に失敗するケースが多かったからである。加えて、和議条件に沿った内容を弁済する担保がない。通常の和議条件は、「遅延損害金は全額カットし、元本の五割をカットして、残りの元本につき一〇年で分割払いする」というものが典型であった。

こうした場合、債権者である金融機関は、和議が認可されると、一〇年間、和議会社の記録をロッカーに収納して債権管理する必要がある。しかし、金融機関の担当者は数年で転勤や担当替えになるので、後任者は和議会社の債権管理に困惑していたのである。

たとえば、私が和議申立てをしたある事案でも、銀行員側が「和議ではなく、破産に切り換えてほしい。そのほうが銀行の損金処理が速くなるので」と露骨に迫ってきたこともあった。

また、和議法では、「和議前の保全処分」を悪用するケースが多かった。手形の不渡処分を回避するため、あるいはそれを和議申立ての唯一の目的のために行い、後は放置するケースもあった。そのため一時期、東京地方裁判所では、和議申立てをする場合には、債権者が和議に協力する旨の同意書を添付するように求めていた。

東京地方裁判所は、和議法の悪用を極力排除しようとしたのであろう。それゆえ、和議申立件数は、東京より、私が弁護士活動をしている福岡のほうが多い、という奇妙な現象が発生した。企業の数は、福岡よりも東京のほうが圧倒的に多いにもかかわらず、である。

任意整理や倒産処理は弁護士の〝実力試験〟

債務者が今から和議申立てをするというときに、債権者側が、その申立てに協力する旨の書面に署名するはずはない。企業再建に熱意をもっている東京の弁護士などは、和議法を利用せず、再建型任意整理の方法で企業再生に従事していた。

「任意整理」や「法的な倒産処理」というものは、弁護士にとって総合力が問われる〝実力試験〟である。民法、商法、倒産法、刑法などのすべての知識を活用して、「即断即決即実行」でやらなければならない。暴力団や整理屋が介入してきた場合にどう対応するかや、什器《じゅうき》・備品を持ち出すような債権者にどう対処するか、といったことについて文献などで調査する時間的余裕はない。その場で即断即決して、「違法的なことをしたら、お前、刑務所にぶち込むぞ」ぐらいの意気込みで、不当な介入を中止させなければならない。よって、任意整理などはある程度場数を踏んでおかないと通用せず、弁護士の実力が一番問われる事件処理といえる。

「詐欺法」とも言われた和議法は廃止され、民事再生法が制定されるに至った。裁判所をはじめ、法律家たちは民事再生法を大事に育てていきたいと見守ってきた。しかし、民事再生法に関しても関係者がはしゃぎすぎている気配があり、近ごろでは民事再生法による企業再生の成功率は低下してきているようである。

パチンコ会社の企業再生

さて、本案件は和議法時代の企業再生である。和議申立てをしたのは地元の弁護士であった。和議会社であるパチンコ会社は、和議申立時には店舗が一六店舗、年商六五〇億円、負債総額約一六〇億円であった。なお、和議会社は関連会社を含めて三社あり、その和議条件は債務全額を和議認可後一〇年にわたって全額支払うというもの。もちろん、和議前の保全処分決定をとっており、和議会社は手形不渡処分を免れていた。

和議申立ての一年後、裁判所は和議会社の若社長（創業者オーナーである父と長男は、経営責任をとって取締役を辞任していた）を呼び、「三つの会社の和議申立てを取下げしなさい。裁判所は、和議認可する予定はない」と通告した。そこで、若社長は困惑して、知人を通じて私のところに相談に来たのである。

若社長の想いを受け受任を決意

和議申立ての経緯を聞くと、中立代理人弁護士は私の知人であった。しかし、「和議債権を全額支払う」という和議条件を聞いて、この弁護士は企業再生の何たるかを知らないと判断せざるを得なかった。私はさっそく、担当裁判官に面接して、本件和議申立ての問題点を尋ねた。担当裁判官は、私がよく知っている裁判官なので率直に話し合うことができた。

裁判官は、「店舗の担保権者は、この一年間、和議会社を静観していた。しかし今後は、抵当権の実行をしてくるだろう。そうなると債務者は、『和議債権を全額支払う』とは言っているが、抵当権が実行されて店舗で営業活動ができなくなった場合、配当原資はどうするつもりか。和議条件は、絵に描いた餅だよ。債権者も、書記官に相当にクレームをつけてきている。君がもし本件を受任するなら、和議申立てを取り下げて、君の得意な任意整理でやったらどうか」とアドバイスをしてくれた。

私は、「和議申立てを取下げするか否かを検討するのに記録を精査するので、三カ月の猶予期間をほしい」と頼んだが、裁判官は「いや、一カ月しか猶予期間は認めない」と言う。そして交渉の結果、間をとって二カ月の猶予期間となった。

裁判官は、最後に私に対して、「本件は、やっかいな事件だから要注意だよ。受任しないほうがいいかもしれない」とまでアドバイスをしてくれた。私はその他にも、地元の弁護士から、本件申立事件に関する噂を収集した。関係者は全員、「面倒な事件だから、受任するな」と口をそろえて言う。

そのため私は、受任を断ろうと決定した。そこで、若社長を呼んで、裁判官との面談交渉の結果を報告すると同時に、本件を受任しない旨を伝えた。すると若社長は、「先生、お願いしているのは、経営者である自分のためではなく、従業員の雇用確保のためなのです。田舎のパチンコ店の従業員では、再就職は無理です。どうか受任してください」と涙を浮かべて懇願する。

私は思わず、「君は、いくつだ」と尋ねると「二九歳です」と答えた。私は、二九歳の若者が、自分のためではなく、従業員の雇用確保のために必死に努力しようとしている姿勢に感動した。私は、「これは、断ることはできない」と思い、受任することにした。

第二会社構想

しかし、私はパチンコ店の経営については、ほとんど無知である。再建型の任意整理をするといっても、「第二会社構想」があることは思い浮かんだが、この受任したパチンコ店の再生に第二会社構想をどう応用してよいのか、当初は皆目見当がつかなかった。

私は数日後に海外へ出発する予定が迫っていたので、「第二会社構想」の論文等をコピーして、若社長に渡し、互いに検討することとした。私は海外にいる間も、パチンコ店の再生と第二会社構想をどう結合させるべきなのかを思案し続け、結局、考えがまとまらないまま帰国した。

帰国した翌日、若社長と面談したが、彼は晴れ晴れした顔で「先生、当社の再生は第二会社構想でやるしかないですよ」と断言する。

第二会社構想とは、通常、第一会社（旧会社）の債務はそのままにして、第二会社を設立し、そこに積極財産の営業譲渡はするが債務は継承しないかたちをとり、基本的に什器・備品や従業員を第二会社に移して、第二会社で経営をするという方法である。

なお、第一会社の債務については、ある程度支払って債務を圧縮したうえで、あらためて第二会社と債務引受契約をする手法をとる。また、抵当権を実行させないように、民事再生法でいう「別除権協定」を締結する。そして、第一会社を消滅させる。

この第一会社の消滅においては、自己破産というかたちは避けるようにした。それは、裁判所から、第二会社の設立は偽装倒産のためであると判断されないようにするためであり、また、「法人格否認の法理」（法人格が形骸にすぎない、あるいは法人格の濫用の場合に、法人格を剥奪して法人の背後にある実体を捉えて、これに即して法律上の取扱いをしようという考え方）を適用されたらリスクが大きいからである。

そこで通常は、第一会社を休眠会社にして（この当時は五年間休眠会社にすると、法務局が法人を職権抹消して清算するということになっていた）、放置する。こうすると、いわば無料で清算手続が完了することになるのである。

なお、休眠会社制度の利用と自己破産の違いは、会社を清算するという目的は同一だが、その方法が任意整理か法的整理かの違いである。

債権者の整理

なお、第二会社構想を実行するとしても、債権者の整理をする必要がある。まず、交渉の窓口を大口と小口とに分けて、まず一〇〇〇万円以下の買掛債務とリース会社への債務を整理することにし、買掛債務はその五〇パーセント、一〇〇〇万円以下のリース債務は三〇パーセントの一括配当として、リース物件を第二会社で買い取るという方針をとった。

私は任意整理をするにあたり、基本的には中小零細企業や個人には手厚くし、大企業や金融機関には泣いてもらうという方針をとっている。リース会社は大企業だから、三〇パーセントの配当率にした。

これは、私の弁護士一年目の苦い教訓があったからである。かつて、売掛金請求事件で判決をもらって強制執行して全額回収しようと依頼者に言ったところ、依頼者から、「先生、被告は五〇パーセントを即金で支払うと言っているでしょう。強制執行で一〇〇パーセント回収する見込みは本当にあるのでしょうか。ビジネス界では、明日の一〇〇〇万円より、今日の五〇〇万円のほうが価値があります」と諄々《じゅんじゅん》と説教されたことがある。

私はそれ以降、売掛金等の請求事件では、一〇〇パーセントの回収ではなく、現実的な回収方法を講ずることにした。小口債権者への弁済はこの理論を応用したものであった。

私が和議申立ての取下げと同時に債権者に通知文書を送付すると、即座に小口債権者全員から同意書が返送されてきた。

これで、小口債権者の問題は解決した。残るは、大口債権者といかに対峙《たいじ》するかである。

File 2 大口債権者との折衝

金融機関との交渉はうまく進んだが、リース会社との交渉は困難を極めた。

再建の姿勢を債権者に示す

小口債権者との交渉は解決し、大口債権者との交渉に入った。一〇〇〇万円以下の買掛債務とリース債務については、買掛債務についてはその五〇パーセントを、またリース債務については三〇パーセントの配当とし、一括弁済で償却した。

一〇〇〇万円以上の債務には、金融債務とリース債務がある。これらの債権者をいかに納得させ、担保権実行をさせず、また、リース物件の引揚げをさせないかたちでどう対応するかについて、私の依頼者であるA商事の社長、営業本部長、経理部長と対策を協議した。その結果、支払いスケジュールを組み直し、毎月、定期払いをしていくかたちをとるしかないであろうという結論となった。

問題は、定期払いの金額をいくらにするかである。パチンコ店は現金商売なので、毎日、現金収入はある。しかしその一方、定期的にパチンコやスロットの機械を購入して、客離れがないようにしなければならない。私はA商事の経理部長に、月次決算書を作成させ、毎月の固定費と変動費、そして売上金の統計を作成させた。さらに資金繰り表も作成させて、A商事の社長たちと徹底的に議論した。

今の状態では、当分、新規融資を受けることは無理であるから、内部で一定額の現金を留保しておく必要がある。しかし、再建のための姿勢を示すためにも、今ある資金を元手にして、金融機関に毎月二五〇〇万円、リース会社に一〇〇〇万円という各々の総額を決め、債権按分比例方式で各債権者に定期払いをすることにした。その旨を債権者に通知すると、金融機関はすんなりと納得した。問題は、リース会社である。

リース会社からの連判状

ある日、債権者であるリース会社全社から、連判状がきた。「金融機関とリース会社に支払う定期払いの差額は不合理であるから、せめて金融機関と同額にしてくれ」との要求書である。

私は過去の経験から、債権者一同を集めて説明しても、債権者集会というオフィシャルな場では、債権者は皆、裃《かみしも》を着た建前論しか発言しないということを知っている。よって私は、債権者集会は一種のガス抜きの儀式と考え、実効のある決議体としての位置付けはしていない。むしろ、個別交渉をして各債権者の本音を探り、妥協点を模索したほうがよいと思っている。

しかし、リース会社の連判状には応答しなければならない。そこで私は、年も押し迫った一二月二四日のクリスマス・イブの日に、私の事務所に全リース会社を招集した。

私は開口一番、「この連判状の首謀者は誰だ。名乗れ」と一発かました。

全員、沈黙して返事しない。

私は、「連判状でないと、君たちは私に文句も言えないのか」と糺《ただ》した。すると、あるリース会社（Bリース）の三〇歳前後の支店長が、「当社の顧問弁護士は優秀ですから、年末年始にリース物件引渡しの断行の仮処分を打ちます」と啖呵《たんか》を切った。

私はすかさず、「やるなら、やってみろ。ただし、リース物件以外の物を引き揚げたり、キズをつけたりしたら、営業権の侵害で、あんたの会社に損害賠償請求する。そもそも、リース物件を引き揚げても、もはやその物件の使用価値はなく、産業廃棄物として捨てるしかないではないか」と応じた。

すると、別のリース会社（Cリース）の支店長がおそるおそる、「先生。せめて一カ月当たり一五〇〇万円の定期払いにしてくれませんか？」と言う。

私は、定期払いの上限に理論的根拠はなく、ただ、キャッシュ・フローからみて、銀行・リース会社それぞれの支払を二五〇〇万円と一〇〇〇万円にしているにすぎないということを事前に強調していた。

Cリースは、当時のある都市銀行（D銀行）の系列会社であり、D銀行の管理部長がCリースに、「相手側弁護士に協力せよ。直接、正面からぶつかり、駆け引きはするな」とアドバイスしていたことを、後日、かつて仕事上交流のあった、その部長の部下から聞いた。Cリースの支店長は、妥協策として五〇〇万円の値上げ要求をしてきたのである。私は、この提案を受け、「このあたりで妥協すべき」と判断して、リース会社への定期払い額を一五〇〇万円とすることにした。

交渉における弁護士の役割

私は、こういう激しい交渉をするときは、依頼会社の経営幹部は同席させないことにしている。債務者は、債権者の理不尽な要求に対しても、債務者としての負い目があることから反論できない。反論したら、「無責任だ」と言われて、会社の再建に協力してもらえないからである。

私は長年、損害保険会社の顧問をしており、交通事故の示談交渉をする際に、当初は、担当者を連れて示談交渉に臨んでいたが、被害者が担当者の対応ぶりなどを批判するばかりで、なかなか弁護士である私が発言する機会がないことから、後に、私は基本的に保険会社の担当者を同道しないかたちで、たとえ相手が暴力団員であっても、自分一人で暴力団事務所に乗り込んで示談をまとめてきた。

依頼者にとってつらい役回りを請け負うのも、弁護士の仕事である。私は、A商事の若社長には、「すいません。当社の顧問弁護士が失礼な言動をしまして、と言って、社長はいい顔作りをしろ。ダーティー・ワークは弁護士の仕事だ」と常に言い聞かせていた。依頼者と弁護士の、役割分担の徹底である。

メイン銀行による担保権の実行

これで、金融機関とリース会社への定期払いの合意ができた。その後、定期払いの債権按分比例額について、A商事の経理部長に計算させ、それを私の秘書が再チェックしたうえで、経理部長から各債権者へ送金させることにした。

なお、定期払いをするにあたって、各債権者には、万一、担保権の実行をしたら、すぐにその債権者には定期払いをストップすると通告していた。しかし、その旨の合意書は一切作らず、すべて口頭の約束であった。

定期払いが順調に行われているときは、債権者は担保権実行をしてこなかった。しかし、唯一、都銀（当時）のうちの一行であるD銀行が担保権の実行をしかけてきた。D銀行は、A商事のメイン銀行であったから、私はD銀行の本店に挨拶に行くのが筋だろうと思い、私が事務所を構えている地元のD銀行の福岡支店に連絡した。私が、「本店の債権管理部長とアポをとりたい」と言うと、副支店長（この人とは、従前から面識があった）が、「先生、管理部長が先生の事務所に挨拶に行きたいと言っていますので、部長を先生の事務所に行かせます」と言う。私は、「それは、筋が違いますよ」といくら言っても、「いいじゃないですか。私も先生に久し振りに会いたいですから」と言う。

メイン銀行に「貸し」がある

後日、債権管理部長が私の事務所に来て、開口一番、「先生には全幅の信頼を置いています。ただ、先生の依頼者のことは信頼できかねる部分もありますので、当行に債権保全策を講じさせてくれませんか。抵当権実行の申立てはしても、絶対に競落させませんから。入札期日の延期もしますので、依頼者を困らせるようなことはしません」と言う。

実を言うと、私はD銀行には大きな「貸し」があった。かつて、負債七〇〇億円の住宅分譲会社の破産管財人を務めた時、担保物件の任意売却において売却額の一〇パーセントを破産財団に確保することについて、債権者との間で六カ月もの間、すさまじい攻防戦をしたのである。その破産会社は会社更生くずれの破産であったが、裁判所は大型倒産事件の基本的なルール作りをしたいとの考えをもっていたようで、私は裁判所から、破産財団に一〇パーセント分を確保するかたちで破産財団を大きく組成すべきである、とアドバイスを受けていた。住宅の分譲会社であったから、所有不動産は土地だけでも一七〇〇筆以上あり、アパートも七〇棟ほどあった。

私はこうした背景を踏まえ、すべての担保権者に先に述べた「一〇パーセント・ルール」の考えを示した。しかし、これに対し、反対の急先鋒の旗を振ったのが、D銀行だったのである。

D銀行は、「たとえば、三パーセント程度であったら、まだ理解できます。それは、不動産業の手数料とほぼ同率ですから。しかし、一〇パーセントとは……。その法的根拠は何なのですか」としつこく食い下がる。

私は「法的根拠と言われれば、それはない。私のことを信用してもらうということに尽きる。破産物件の売主は、破産管財人である私である。私が尽力して買主を探しても、全額を担保権者に売買代金としてもっていかれたら、破産管財人は誰のために働いているということになるのか。競売と任意売却の差は、迅速処理と高い売買値段にある。それを経済的に数値化すると、売買金額の二〇パーセントになる。それを、担保権者と破産管財人とで二分するという考えだ。それが、一〇パーセント・ルールの根拠だ」と宣言した。

これはすべて、裁判所と打ち合わせたうえでの発言である。D銀行の担当者は、「それは無理な話です」と言うので、私は「では、貴行の任意売却には一切協力はしない。すべて競売で処理して構わない。ただし、その代わり、こちら側にも、それ相応の覚悟があるので、承知しておいてほしい」ときっぱり言い切っておいた。

すると、一〇日後、D銀行の本店の職員が、私の事務所にやって来た。そして、「先生、A弁護士を知っていますか」と言う。「知っている」と答えると、「A弁護士は、私の実の兄です」と言う。さすがに、仕事上でよく知っているA弁護士の弟とは、喧嘩はしにくい。相手側も、うまい手を使ってくるなぁと感心した。

そこで私は、一〇パーセント・ルールのどの点が問題なのかを尋ねた。すると彼は、「一〇パーセント自体はよいのですが、会計処理上、この一〇パーセントをどういう名目にするかが悩ましいのです」と言う。そこで私は、「寄付ということでよいのでは」と言うと、「それでは、認定贈与ということで当行に課税されます。これは、全ての金融機関が同じ取扱いをされるのです」と言う。

このことを受けて、私も裁判所にどう処理すべきか相談してみると、裁判所側も課税の問題まで考えていなかった。裁判所は「君に一任する」と言う。

私はＤ銀行と協議を重ね、結論としては、「一〇パーセントの分を使って配当原資にするのであるから、その分は『一般債権』として処理したらどうか」ということになった。これについては、政府系金融機関も、「会計処理ができる」と言って賛成してくれた。

この結果、私はこの破産会社の不動産を一五〇億円以上で売ることができ、破産財団に三五億円の原資を組成して、配当することができた。この際に、Ｄ銀行には、担保物件のすべてを任意売却するかたちで損金処理に協力した「貸し」があった。

店舗維持のための方策

このときの経験で、「この債権管理部長は信頼できる」と判断した私は、例外として、Ｄ銀行が抵当権実行の申立てをした後も、定期払いを続けた。

しかし、Ｄ銀行の子会社であるノンバンクは怒りに任せて競売申立てをしており、入札期日が押し迫っている。Ａ商事の店舗を維持するにはどうすればよいか。いよいよ、第二会社構想を具体化しなければならなくなった。

File 3

第二会社構想

A商事の企業再生には第二会社構想が最も適していると判断したが、債権者が抵当権を実行してきた。

第二会社へ営業譲渡

第二会社構想とは、第一会社の財産を営業譲渡して「受け皿会社」をつくることである。この場合、第一会社の債務は、基本的には第二会社に承継させないが、第二会社は第一会社の債務を、重畳《ちょうじょう》的あるいは免責的債務引受けをすることで、債権者と調整をすることになる。

まず、第二会社として、有限会社（当時）を設立させることにした。しかしながら、A商事の再建と第二会社構想とを有機的に結合させる方法については模索中でもあった。

A商事の店舗のうち、唯一の賃借物件があった。そこの地主が、A商事が和議申請（当時）

したことで動揺している、ということなので、その地主と面談することにした。

私は地主に、「A商事との賃貸借契約をいったん合意解約して、第二会社と新たに賃貸借契約を締結し直しませんか？　あなたはA商事の債務について物上保証をしておられるから、A商事と運命を共にするのは困るでしょう。だから、第二会社と賃貸借契約を締結すれば安心ですよ」と説得した。

地主は、自分では判断できないとして、地元の弁護士を代理人に立てた。その弁護士は、細かい点で種々文句は言ったものの、骨格部分については、私の提案を受け入れた。ここに、第一会社から第二会社への営業譲渡が完成したのである。金融機関への抵当権設定についても重畳的債務引受契約をして、担保権者も順位保全をし、無事、第二会社への営業譲渡もすんなりうまくいった。

再建に不可欠な優良店舗をどう維持するか

問題は、三年前にA商事に対して三〇億円の融資を実行し、その後、返済も済まないままA商事が和議申立てをしたことに対して激怒している、D銀行子会社のノンバンクE社への対応である。

E社の担当者は、A商事の社長たちと会うと、「何としてでも弁済してもらわないと困る」と言い、ある店舗の抵当権実行申立てをしていた。私は、A商事の社長たちからE社の激怒ぶりを聞いていると、E社が抵当権の実行申立てをしている店舗はあきらめるしかない、と考えていた。その店舗は、土地取得代・店舗建築代・機械代を含めると総額七〇億円で開業した店舗である。

私も現地に行ってみたが、その店舗は七階建てのビルであって、一階のみがパチンコ店舗で、二階以上は立体駐車場であり、なかなか立派な店舗であった。バブル経済の時期に建てた店舗であることは明瞭である。この店舗は売上額・利益率も良いので、A商事にとって、この店舗を失うことは大きな痛手であることは間違いない。

私は、E社担当者の激怒ぶりを聞くと、E社と交渉するのは相当に難航すると予感していた。しかし、A商事の社長は、私に、「先生、あの店舗を確保しないと、当社の再建は不可能です」と言う。私は、どういう方針でE社と交渉をすべきかの戦略・戦術を練ることにした。

秘策

後日、私はE社にアポイントをとり、A商事の社長、営業本部長を伴い、三人でE社に赴いた。

E社側は、顧問弁護士を同席させるかたちで、交渉が始まった。私は開口一番、「A商事は第二会社を設立し、受け皿を用意しています。御社が申立てしておられる競売で自己競落していただき、A商事の第二会社に賃貸してくれませんか」と申し出た。

すると、E社の専務は、「何と虫のいい条件を出すのだ」と激怒した。私は澄ました顔で、「やはり、どんな条件を出してもダメですかね」と独り言を言った。

すると専務は、「条件次第だ」と言う。しかしそうは言ったものの、相手は怒り心頭の様子であったので、とりあえず今日はこれ以上交渉しても無駄だと判断して、E社をあとにした。

数日後、E社との第二回目の交渉に赴いた。するとE社の専務は開口一番、「君は前回、第二会社を設立したと言っていたなぁ。あの店舗を第二会社で買わないか」と言ってきた。私はすかさず、「是非そうしたいですが、買う金がありません。御社が融資してくれませんか」と切り返した。すると何と、専務は「融資はしてもよい」と言う。

実を言うと、これは私が望んでいた最良のかたちで、私の秘策でもあった。まず、第一会社は第二会社にE社への残債務額で売買する。そしてE社は第二会社に新規融資をして、第二会社から第一会社を通じてE社に返還する。現金は動かさずに、すべて書類で決済をして、不動産の所有権は第一会社から第二会社に移転するのである。

第二会社への融資条件

問題は、E社の第二会社への融資条件である。私は「返済期間三〇年、金利は長期プライムレート」という条件提示をした。

種々の交渉の結果、融資条件は「返済期間二〇年、金利は長プラ」となった。金銭消費貸借契約書は、E社が通常使用する契約書ではなく、新たに起案した契約書を使用することになった。金利変動については、通常の金融機関の金銭消費貸借契約のような経済情勢の変動に連動する条項はなかった。そして後日、これがA商事側に有利に動いたのである。E社のA商事に対する貸付残は、第一会社から第二会社への売買代金でE社に返済されるから、結果的には第二会社の免責的債務引受契約と同様になったのである。

不動産売買契約書や金銭消費貸借契約書、競売取下書等を互いにＦＡＸでやりとりをして、これであとは決済日を待つのみとなった。これはＥ社の都合に合わせるしかないが、Ｅ社の指定した決済日に、私は東京での仕事が入っており、熊本で行われる決済に立ち合うことができない。

私は、当時、大型破産事件の管財人に就任していたので、不動産取引に強い破産管財人補佐が五人いた。その中で私が、「破産会社の不動産部長」と命名していた男に、私に代わって二五億円の不動産決済に立ち合うことを依頼した。

Ｅ社との書類のチェックはすべて済み、Ａ商事の社長と「不動産部長」に、どこに押印するかを詳細に指示した。Ｅ社の顧問弁護士は七〇歳を越しておられたが、私が不動産決済に立ち合えないとわかって、わざわざ九州まで来られることになった。私は、東京から決済現場に一時間ごとに電話をして、決済がうまくいっているかをチェックしたが、無事円滑に終了したことを確認してホッとした。これで、Ａ商事の最優良店舗を第二会社に移譲することができた。

次に問題となるのは、第一会社の不動産譲渡税と第二会社の不動産取得税の問題である。これについては、私が提携している公認会計士をＡ商事の顧問にしていた関係から、彼に任せることにした。

金利変更についての交渉

この店舗を確保してからというものは、A商事の意気は上がった。そして、この店舗の売上・利益も順調に上向きになっている。また、E社への決済も約定どおり、きちんとなされている。

その三年後、E社はA商事の経営状態が回復しているということから、「金利を上げたい」と言ってきた。こういった交渉は、すべて弁護士である私がやることにしていた。

私は、「金利を上げる根拠は何か」とE社に問うた。金銭消費貸借契約では、経済情勢に変動する長プラの金利変動は認めているが、長プラ以上の金利変更を認める条項はないからだ。E社の担当者が返答に窮していたが、私は、「これは裁判になったら、私が勝訴するよ」と言って断った。

するとその一年後、E社から、「当社の大阪本社で金利変更について交渉したい」と申し出があった。そこで私は、A商事の社長、営業本部長、経理部長を帯同して大阪に赴いた。

先方は、E社の専務が東京から遅れて到着し、交渉に参加をした。私とE社の担当者が金利変更の有効性について議論していると、専務は「そういう問題ではない。A商事を当社が救済したことについて感謝しているか否かの問題だ」と言った。

私も、義理人情路線を弁護士道の指針としているので、こういうセリフに弱い。私は専務に、「ちょっと廊下を貸してくれませんか」と頼んだ。そして私は、A商事の社長たちを廊下に連れ出して、「専務があそこまで言われるのだから、ここは専務の顔を立てる必要がある。金利変更に応じよう」と提案した。社長は私の考えに即座に同意した。しかし営業本部長は、「せめて六カ月後にしましょう」と抵抗した。そこで私は、「こういう話は、いさぎよく直ちに応諾すべきだ」とその提案をさえぎった。

再建への恩返し代

再び、交渉の席に戻った。私は専務に対して、「金利変更は、どれくらいをお望みですか」と尋ねると、「長プラにプラス〇・二五パーセントだ」と言う。私は即座に、A商事の経理部長に、年間でいくらの出費増になるのかを尋ねると、四〇〇万円前後であると判明した。

その金額を確認し、私はすかさず、「専務の提案に応じましょう」と言って専務と握手をした。

Ｅ社の専務が、第二会社へ店舗を営業譲渡することを許諾してくれたことで、Ａ商事の再建の橋頭堡を築いてくれたのは、まぎれもない事実であった。私も、専務にいつか恩返しをしなくてはならないと考えていた。加えて、専務は事務手続を二、三カ月遅らせることで、金利変更の時期を先送りしてくれたのである。

その後も、Ｅ社への返済は順調に進み、余談ではあるが、専務がＥ社を退任されるときは、わざわざ私が事務所を構える福岡まで立ち寄られた。私は福岡で一席設けて、この専務の恩情に深々と頭を下げて、専務の今後の人生を祝福して別れた。

残された課題は、第二会社に移転できない不採算店舗の処分をどうするかである。

File 4 不採算店の売却

債権を事実上放棄するとの紳士協定に基づいて、店舗を売却していったが、約束を守らない金融機関があった。

どの店舗を売却するか

企業再建においては、不採算店や遊休不動産を順次売却し、採算のたつ店舗については、これを確保するのが通常である。私がA商事の再建に取り組んだ時、最盛期には一六店舗だったものが一四店舗になっていた。

問題は、どの店舗を不採算店として売却処分の対象とするか、である。すべての店舗には担保権が設定されており、店舗を売却した際の代金は、担保権者とリース会社に支払う方針をとった。なお、債務全額を支払うことは当然できないから、未払部分については債権放棄してもらうかたちで折衝を行った。

売却店舗の選定

当初、債権放棄については、正式に文書のかたちで債権放棄をしてもらう方針で各金融機関と交渉したが、すべての金融機関が、「債権放棄に関する文書は出せない」と言う。「他の営業店が営業活動している状態の企業に対して、金融庁が債権放棄を認めるわけがない」と言うのだ。

私は金融機関側の説明を聞いて納得し、結局、紳士協定で、担保割れした部分については、その店舗に融資した残債権は〝事実上〟債権放棄をしてもらう方式をとった。これについては、すべての金融機関が納得したので、順次、不採算店を売却処分していった（その後、この紳士協定を裏切った金融機関が出現したが、私は一貫して最初の方針を徹底した）。

問題は、どの店舗を不採算店舗と認定するのかである。パチンコ店の店舗を営業店として売却すれば、いわば暖簾《のれん》代（営業権）をも付加して売却できるから、単なる不動産売買より、高価に売ることができる。したがって買主は、必然的にパチンコ店になる。この選択については、基本的に経営陣に選択の権限を委ねた。

どの店舗を売却するかについて、A商事の経営陣と私は、常に激論を闘わせた。私としては、たとえ、月に一〇〇万円でも純利益が発生すれば、それだけ返済原資があるのだから、その店舗を留保したい気持ちになる。一カ月に一〇〇万円といえば、年間一二〇〇万円であり、これだけあれば、債権者への返済もスムーズに行えるではないか。

しかしA商事の社長は一〇〇万円の利益では営業する価値はないと言う。私は社長と激論を闘わせるうちに、パチンコ会社の経営の要諦は、結局、「地の利」と「キャッシュフロー」に尽きると感じた。これは囲碁の世界と同じだ。地の利が悪ければ、いくら営業活動をしても利益は出ない。また、ライバル店が近所に出現すれば、出玉率を高くして対抗するしかない。そのためには、現金のストックが必要である。社長はA店を売却すると言ったかと思うと、翌月にはA店ではなくB店を売却する、と言う。

私が、「社長は二枚舌だ」と批判すると、社長は、「先月と情況が変化した。B店の近所に強力なライバル店が出現したので、負ける前に撤退したい」と言う。こういうかたちでお互いに激論を繰り広げながら、順次、売却店舗を選定していった。

約束の反故《ほご》

前述したように、担保権者との約束では、担保割れした残債務については、事実上、債権放棄を得るということであった。

あるノンバンクの担保権者とは、その社長や部長と先の条件を何度も確認したうえでその店舗を売却し、売却代金は担保権者であるノンバンクとリース会社に支払った。ところが、そのノンバンクは、売却処分の一カ月後に、内容証明郵便で「残債務を支払え」と請求してきたのである。

これに対し、私は憤激のあまり、A商事の社長とともに、そのノンバンクに乗り込んだ。そのノンバンクは、ある銀行の子会社であった。

私はノンバンクの社長に、「担保割れの債権は放棄するという約束ではなかったですか。あなたは、その約束を忘れたのですか？」と思わず怒りを含んだ口調で訴えた。しかし、ノンバンクの社長は涼しい顔で、「そういう約束をした覚えはないですね」と言う。そこで私は、交渉に終始同席していたノンバンクの部長に、「私が言っていることに、どこか嘘があるか？」

と尋ねたところ、その部長は、「先生の言われることに、一切嘘はありません」と言った。

私はこの社長に、「部長もこう言っているじゃないですか。こちらも債権放棄をしてもらう立場ではあるが、約束については守ってもらいたい。今までの交渉事実を親会社の銀行の頭取宛てに内容証明郵便でお送りするので、今までの約束事につき、親銀行も含めて再確認しようではありませんか」と言い切った。

すると、当の社長は真っ青になって、「約束どおり債権放棄をしますから、今言ったことについては何とか許してください」と哀願してきた。私はこの社長とこれ以上喧嘩するのが馬鹿らしくなり、〝武士の情け〟でこれ以上何も言わないことにした。

任意整理での当事者間の〝約束〟の重要性

また、ある地方銀行も当初の約束と違う対応をした債権者の一人だった。銀行の担当者とは何回も打ち合わせをして、その結果、売買金額と配当額を確定した。

しかし後日、その地銀の常務が私の事務所に来て、「残債務は、先生が払ってくれるのですね？」と言うのである。私は一瞬、わが耳を疑った。そこで私は、「お言葉ですが、常務さん。あなたは、銀行が営業店舗を建築する際に、あなた自身が建設会社に連帯保証をしますか？　しないでしょう？　あなたは、それと同じことを今、私に要求しているのをおわかりですか？　あなたの言うとおりにしたら、弁護士は何回も自己破産しなければならないではないですか！」と語気を強めて言った。

私はこの常務の発言を不快に感じ、「あの店舗については、任意売却しません。どうぞ競売なさって結構です。任意売却すれば一二億円程度は回収できるでしょうが、競売でしたら二億円の回収がせいぜいかもしれませんが……」と、相手側に対抗するために、こちら側の考えも変わったことを告げた。　すると、常務は、「部下の担当者から、そう聞いていたものですから。すいませんでした」と謝罪をし始めた。

翌日、その銀行の担当者が部長を連れて謝罪に来た。「すみません。昨日は、常務があんな失礼なことを言いまして」と平謝りである。私は、「やはり『約束事は守る』という筋は通してほしいですね。信頼関係がズタズタになってしまいますから」と返答した。

たとえ、こちらが債務者側で、本来的には返済する身ではあるとはいえ、債権者としても約束として決めたことについては守るという最低ラインは守らなければならない。

残債務について訴訟になる

その地銀は、後々、他の地銀に吸収合併されたが、常務は私との言い合いがよほど悔しかったのであろうか、後日、A商事に対し、「担保割れした残債務分を支払え」との訴訟をしてきた。そのとき、すでに第一会社（A商事）の資産は、ほぼゼロになっていた。しかし、私は当初の約束を反故にするこの銀行の姿勢に納得できず、訴訟で争うこととした。

銀行の担当者も、証人として呼ぶこととした。私は担当者に、「あなたは宮仕えであるので、銀行の悪口は言えないと思うから、ただ真実のみを証言したほうがよい」と忠告した。

証言後、その担当者は、「先生は、常務の言動についてあまり深く追及しませんでしたね」と感想をもらしていた。

債権放棄書がない以上、銀行側の勝訴は当然であるが、強制執行する財産は何もないから、結局、銀行は勝訴判決を無税損金処理する資料にしか使えなかった。A商事にとってみれば、敗訴判決をもらっても、何ら痛痒《つうよう》を感じなかったのである。

仁義なき〝業界戦争〟

さて、A商事がどの店舗を売却するかを決定した場合に、決済日までの間、その店舗の経営をどうするか、という問題も生じてくる。ずうずうしい買い手は、「売買代金決済前に営業権をくれ」と虫のいい要求を出してくるかもしれない。

そのような場合には、私は経営陣に、「出玉率を低くして客離れをさせよ」と指示することにしている。ある意味では心苦しくはあるが、同じ営業圏で営業をしている以上、かつての店舗が強力なライバル店に変身されたら、自分の首を締めることになるからである。よく、「立つ鳥跡を濁さず」と言うが、パチンコ業界は、ライバルの足を引っ張って蹴落とす世界であるから、そんなきれい事を言えないのである。店舗を売却すれば、「あとは野となれ山となれ」の心境に達しないと、パチンコ業界では生き残れない。パチンコ業界ほど、仁義なき闘いを繰り広げている業界はないだろう。

このようなかたちで、不採算店舗については、順次、売却を進めていった。次に問題となるのは、A商事の日常の経営体制についてである。

File 5

再建会社の経営

企業再生における弁護士の役割は、経営に関与することではない。経営者との適切な役割分担こそが企業再生を成功に導く要諦である。

会社再建の際の経営陣と弁護士の役割

再建型任意整理を行う場合の最も重要なポイントのひとつは、その企業の経営をどうするかである。弁護士は、法律の専門家ではあっても経営の専門家ではない。弁護士が、にわか勉強をしてパチンコ会社の経営に口出しをしても、うまくいくはずがない。

私は、以前、会社更生管財人代理をやっていたとき、管財人が「こういう製品を作れ」と工場長に指示したところ、その指示を聞いていなかった営業部長が激怒し、またその他の従業員の総スカンを食らって、結局、その管財人は従業員の信頼を喪失して管財人を辞めざるをえなくなった事例を知っていた。

そこで私は、弁護士と経営者の役割分担を考え、経営は経営者が、ダーティー・ワークすなわち債権者との交渉は弁護士が、それぞれの役割を担うことにした。弁護士がパチンコ台を何台仕入れるか否かを、にわか勉強してもわからないと思ったからである。

私は、経営陣に役割分担を提案した。ただし、経営陣と私の意見が一致しない限り、話を前に進めないという条件付きである。社長は賛成した。その後は、A商事の取締役会及び戦略会議を、私の事務所で月に二～三回開催した。

私は個別に、経理部長には「君は石橋をたたいても渡るな。慎重に資金繰り表を見たうえで発言しろ」と、また営業本部長には「君は強気で、いけいけどんどんで営業展開の夢を語れ」と、そして社長には「二人の意見を聞いて、経営の最高責任者として決断を下せ」というかたちで各人に役割分担を指示した。

今から振り返ると、結果的に、この方針がうまくいったのではないかと総括している。経理部長と営業本部長にまず意見を言わせ、それを受け、社長が決断をして、私が再吟味するという決断のプロセスがうまく機能したのである。

売上金は返済原資として確実にプールする

Ａ商事の売上金は、私が管理することとした。それは、金融機関やリース会社等に対する定期払いの返済金を確実に確保するためである。

あるとき、Ａ商事からの預り金が三億円あるときに、社長が、「店舗の近所にライバル店が出店したので、店内改装に三億円全額を使いたい」と言ってきた。私はこの申し出に、「だめだ。一億円しか認めない。有り金全部を使って店内改装するバカがどこにいる」と拒絶した。しかし社長は、涙を出しながら、「ここで三億円の預り金を使って店内改装しないと、わがＡ商事グループは潰れてしまうかもしれません」と訴えてきたが、私は反対した。

私は、社長の申し出に対し、「一億円を送金するから、その範囲内で店内を改装しなさい」と指示をした。そして結果的には、私のこの指示が正しかった。なぜなら、店舗を改装した直後に強い台風が来襲し、その店舗が多大な損害を蒙《こうむ》ったからである。

この話を、私が信頼しているある都市銀行（当時）の債権管理部長に後日話したところ、その債権管理部長は、「私もパチンコ経営について素人ですから、どちらが正しいとは判断できません。しかし、先生がそのように反対してくれたことに感謝します」と言ってくれた。社長にも、その債権管理部長の話をした。

互いに徹底的に議論することが、結果的に役割分担の機能を果たすことになると、社長ともども認識を一つにした事件であった。

被災した店舗の保険金をめぐる折衝

結局、一億円の範囲で店内改装はしたが、台風被害のために店舗は損失を蒙った。その店舗には、火災保険をかけており、台風被害は、火災保険で補償される。

ところが、火災保険には、金融機関に対して質権を設定をしている。それも二つの金融機関に対してである。第一順位の質権者である金融機関は、火災保険金はA商事が全額とってもよいと言ってくれてきた。早く店舗を改修して業務を再開し、早期に弁済をしてもらったほうが得策だと判断してくれたのである。しかしこれに対し、第二順位の質権者である金融機関は、その火災保険金を確保することを主眼とし、火災保険金をA商事が受領することに反対をしてきた。

そこで私は、第一順位の質権者と協議をすることとした。テーマは、いかにしてA商事に火災保険金を受領させて、店舗の補修をさせ、営業再開させるかである。第一順位質権者は、営業再開について本気で心配をしてくれた。場合によっては、店舗改修資金について新規で融資することまで提案してくれた。

ここで私は、第一順位質権者に、こうお願いした。

「第二順位質権者に、『この火災保険金は第一順位質権者である当行が全額受領できるのに、なぜ第二順位質権者である貴行ががたがた言うのか』と一喝してくれ。そうすれば、第二順位質権者は黙るはずだ」

私のアドバイスのとおり、第一順位質権者が第二順位質権者に自行の主張を掛け合ったところ、結果として、無事に火災保険金全額がA商事に支払われることとなった。そして、A商事は、その火災保険金ですぐに補修にとりかかり、営業再開にこぎつけた。

金融機関も、融資金の回収には戦略・戦術が要求される。短期回収を目指して残未収金を損金処理するのか、長期的視点でなるべく多額の回収をするのか、といった視点の相違である。そこには、金融機関の体力の問題がある。体力のある金融機関は、長期的視点で債権回収の方策を構築できるが、体力のない金融機関は短期的に債権回収等を図り、結局、回収できる金額は少額となる。

私は今まで、一〇〇以上の金融機関と対峙したが、相手の対応に私が本気で怒りを抱いた金融機関は、ほとんどが破綻あるいは吸収合併されている。債務者代理人の立場の場合、怒りのあまり金融機関と大喧嘩となることもある。しかし、後日、喧嘩相手の金融機関が破綻したり吸収合併されたりすると、「あぁ、体力がないから、ああいう要求をしたのか」と感じることもある。

金融機関といえども、体力がなくなると品位がなくなる、と私は考えている。私は、金融機関には、法令遵守といったコンプライアンスはもとより、公共的使命をはじめ品位も問われると思う。

鑑識眼があれば人間の器量もみえてくる

私はA商事の大番頭的な役員に、「社長の足を引っ張れ！　社長はまだ年が若いから暴走する可能性がある。その暴走を阻止するのが大番頭の役目だ。前の社長の時は、上命下服で自分の意見は言えなかっただろうが、今の社長には、参謀として役目を果たせ」と言っていた。また、「社長は子だくさんで借家に住んでいるから、大番頭の役目で豪邸を造ってやれ。豪邸を造っても、どうせ銀行に担保物件としてとられるのだから」とも付け加えておいた。

その後、A商事の再建が順調に展開しているとき、大番頭が、「先生、そろそろ社長に持ち家を建ててやりたいと思っているんですよ」と言ってきた。そこで私は賛成して、「どうせ造るなら、豪邸を造りなさい」と、大番頭と社長を励ました。

それから数年後、大番頭が私のところにやって来て、「先生、約束どおり、社長に豪邸を造ってやりましたよ」と喜色満面の笑顔で私に報告した。

そこで私は、社長に何か新築祝いを贈ろうと考えた。そして思案した結果、絵画を贈ることにした。私は取引先のデパートの外商担当に連絡をして、私の予算を言い、絵を一〇数枚もってきてほしいと依頼した。

そして、A商事の社長以下幹部が私の事務所に来たとき、デパートの外商担当がもってきた一〇数枚の絵画を事務所に並べた。私の事務所は、さながら画廊になった。そして、社長に好きな絵を選択させて、私は新築祝いとしてその絵を一枚贈呈した。

社長は、これ以来絵画に興味をもつことになり、会社にも絵を飾ることになった。デパートの外商担当が絵を取付けに行ったとき、その担当は、社長を即座に「お帳場カード」の会員にした。

私は、その担当者に、「お帳場カードの順番待ちが多いのに、なぜA商事の社長を会員にしたのか？」と尋ねると、彼は、「A商事にお伺いしたとき、従業員のしつけがきちんとしていると感じました。また、会社の経営が安定していて、社長も一角《ひとかど》の人物であると判断したからです」と言った。

私が最初に、社長は年は若いが「経営者の器」であるとみたのと同一の評価をしたのである。

再建のために従業員の士気を高める

企業を再建するとき、従業員に、いつ、いかなる方法で、どのような説明をするのかは非常に重要である。あまり不安をあおる説明をすると、逆に従業員の間に動揺が生じて、企業再建が頓挫《とんざ》することになる。

私が、A商事の再建に従事して一年ほど経過した頃、社長から「従業員が動揺しているのです。当社の再建策がどういうもので、どのように進行しているか不安に思っているらしいのです」と言われたことがある。そこで私は、A商事の店長・幹部会議に出席して、A商事の問題点や、過去の交渉経過録、そして将来の方向性について詳細に説明しようと提案した。社長は了解をした。

後日、私は店長・幹部会議に出席した。A商事の幹部社員とオーナーの一族が全員出席する中で、一時間あまりにわたって詳細に説明をした。その結果、幹部たちは、私の説明を聞いてはじめて、これまでの社長たちの言動と、一部の店舗の閉鎖に納得したようである。

私は、幹部たちに、「皆で知恵を出し合って協力し営業展開すれば、必ず立ち直ることができる。私は、この若い社長が、『従業員のために会社を再建したいのです』と涙を流して私に頼んだから、この案件を引き受けたのだ。社長を中心として、再建に努力しよう」と檄を飛ばした。こうした今までのいきさつが会社の中に伝わるにつれて、一気に従業員の士気も上がっていった。企業再建の成功には、「経営者、従業員、弁護士等が一体となって再建するぞ」という決意と行動が求められる。

その後、A商事の再建が順調に進んでいるとき、まさに夢のような依頼が、ある銀行からもたらされたのだった。

File 6 新店舗の購入

再建途上の会社に銀行から店舗購入の話が持ち込まれた。しかも一七億五〇〇〇万円もの新規融資がつく。経営者と弁護士の適切な連携が功を奏する。

銀行からの新店舗購入の打診

A商事の再建に鋭意努力している最中に、ある銀行の支店長が「当行で不良債権化しているパチンコ店を買ってくれませんか」と私のところに相談に来た。当初はA商事の社長のところに頼みに行ったが、私のところに行ってくれと言われたということでやって来たという。

私は、支店長に対して、A商事の再建に関しての一連の流れを説明し、パチンコ店の購入についても、会社が再建途上なのに人様を助けるほど余力はないと言下に断った。私は、別に、A商事の社長と打合せをして説明したわけではない。ところが私の話を聞いた支店長は、「先生のお話と、A商事の社長さんから聞いた話の内容は同じですね。店にあれだけお客さんがたくさん入っているのに、A商事が再建途上というのは本当なのですか？　新たに店舗を買い取っていただける際には、当行が新規融資をさせていただきますよ」と言う。

一七億五〇〇〇万円もの新規融資を受けての店舗購入

私は、社長たちを呼んで、このパチンコ店の買取と新規融資についてどう経営判断するかを聞くことにした。すると、営業本部長は「是非とも買いたいです。しかし、提示された六店舗のうち、当社がほしいのは一店舗のみです」と言う。そこで私は、営業本部長に「人様が経営に失敗した店舗を、君みたいな若造が本当に再建できるのか？　失敗したら腹を切るつもりか！」と質《ただ》した。営業本部長は、すかさず、「失敗したら切腹します」と啖呵を切った。

次に私は、経理部長に、「もし、その店舗を買った場合、資金繰りはどうか？」と尋ねた。すると、経理部長は「ぎりぎりで回っていきます」と言う。

最後に私は、社長にどうするかと尋ねると、社長は「先生、買わせてください。債務整理の基盤ができたので、反転攻勢の時機にきています。今回の店舗買収をその橋頭堡にしましょう」と言う。私は三人の発言を聞いて、各人が役割分担を認識したうえで発言をしているなと思い、方針を決めた。

相手は、合資会社である。六店舗のうち、一店舗のみを買収するにはどうするか。公認会計士を交えて協議した結果、会社分割をして一店舗のみを買い取り、残りは合資会社に残して清算する方法をとった。

さっそく、公認会計士に、相手方である合資会社のデューデリジェンス（資産評価）を目的とした内部調査をしてもらった。その結果、資産等はおおむね決算書どおりであるということがわかった。

私は、話をもってきた銀行の支店長に、「買ってもよいが、不良債権額はどれほどになっているのか？」と尋ねると、「一〇億円です」との返答であった。そこで私は、「ならば、一〇億円の融資は当然として、それに加えて、リニューアル資金と当座の運転資金に七億五〇〇〇〇万円は必要だ。一七億五〇〇〇万円を新規融資してもらえるなら、買い取ってもよい」と言った。

すると、支店長は即座に、「一七億五〇〇〇万円融資します」と断言した。思い切りのよい、腹の据わった支店長である。

支店長は、すぐに本店に稟議書をあげて、決裁をとった。支店長が私に話を持ち込んでから、新規融資を実行するまでに三カ月かかったか否かの超スピード決定であった。なお余談であるが、この支店長は後日、常務取締役に昇進をした。

手形貸付をめぐって紛糾

会社分割については、A商事の公認会計士に手続を依頼し、相手方会社の税理士と協同して実行していった。私は、この交渉をする前に、一度、購入予定の当該店舗に視察に行った。また、店舗購入後に一度、また、リニューアル工事中、そしてリニューアル・オープンした後の経営状況も含めて計四回視察した。一七億五〇〇〇万円もの新規融資は、私にとっても精神的な負担が大きく、責任を感じたからである。

買収相手の会社は合資会社で、これは、無限責任社員と有限責任社員とで構成されている形態の会社であるが、今回の買収は、会社分割も同時に行うM&Aである。会社分割の手続の大部分は公認会計士に担当してもらい、契約書等の部分を私が担当した。

私は、企業再建においては、弁護士がプロデューサーで、各専門家をディレクターとして分担させ、弁護士が総合指揮をとるべきだと考えている。

銀行からの融資の内定もおり、あとは決済するだけとなった。しかし、その決済に関して、「一七億五〇〇〇万円のうち、五〇〇〇万円だけを手形貸付のかたちで実行したい」と支店長が言ってきた。私は、A商事の各経営陣に日頃から、「手形の発行、裏書をするな」と厳命していたから、経営陣と銀行は、この手形貸付の件でもめていた。

手形は一種の麻薬である。「これで資金繰りが楽になる」、と一瞬思うが、それは決済を先延ばししただけであり、長期的視点からみると資金繰りに変化はない。経営者は手形法についてよく知らないケースが多く、また、手形の不渡事故は一挙に信用不安を招いて倒産に追い込まれることが多い。だから私はA商事に対して、手形振出を厳禁したのである。これまで私は、社長がパチンコ機械代金等の支払いに手形を振り出したいと言ってきても、許してこなかった。

支店長は、短期融資は手形貸付のかたちになるので、どうしても手形貸付にしてほしいと言う。そこで私は、経理部長に、「五〇〇〇万円の約束手形の決済については、絶対に大丈夫だね？」と念を押して、今回だけ、手形厳禁の例外として許した。そして後日、無事、手形を決済した。この一回の例外を除いて、私が再建に手を貸して以来、A商事が手形を振り出したり、裏書をしたことはない。

融資は無事実行された後、パチンコ店の一店舗をA商事が確保した。世の中には、みずから再建の途上にあるにもかかわらず、他の会社から再建の依頼がくるという不思議なことがあるものだと、私は感じていた。

なお私は、この一七億五〇〇〇万円の融資金については絶対に完済しなくてはならないとして、社長たちには「絶対に事故を起こすな。万一、事故が発生したら、融資をしてくれた銀行の支店長は背任に問われる可能性があるから、くれぐれも注意せよ」と厳命した。そのために、四半期ごとに決算書を支店長に提出し、年に一回は銀行の頭取に決算書を持参して御礼と報告に行け、と指示をした。

新店舗の購入による士気の高揚

新店舗を購入して、A商事はグループの結束力が強化され、経営基盤もさらに強固となった。数社を擁するグループとして総合的に資金繰りをし、かつ、全体的視野で経営を行った。新店舗の購入で従業員の士気も上がり、経営陣が反転攻勢の姿勢を会社の内外に明示したことから、再建にはさらに弾みがついていった。

新店舗の店長は従業員の中から選出し、幹部社員を育成していく方向性が定まった。従業員にも、再建の姿が見えてきたのである。これまでどおり私の事務所で、毎月二〜三回、取締役会を開催していたが、社長をはじめ、取締役にも笑顔と笑い声が出てきて、再建の前途が明るくなってきた。

すでに、社長が豪邸を新築したことは述べた。驚いたことに、一七億五〇〇〇万円の新規融資をした銀行の頭取が、わざわざ社長の自宅に赴いて、新築祝いを持参しに来た。表向きの訪問は新築祝いであったが、真の目的は、別件の不良債権化したパチンコ店の買取り依頼であった。

社長からその報告を聞き、私は、「冷静に経営判断をしなさい」と忠告した。話の出たパチンコ店について経営的にみるとどうか、と社長に尋ねると、「再建は困難ではないか、と思います」と言う。そこで私は、社長に、「この件は断れ。しかし、すぐに断ると頭取に失礼であるから、しばらく検討したこととして、二週間以上にたってから頭取に断れ」とアドバイスした。そして同時に、「あなたのような若い社長に、銀行の頭取が赴いて依頼するとは、頭取から見込まれたものだよ。ありがたいことじゃないか。しかし、これで慢心してはいけない」と言って誉めた。

叩上げ社員の〝効用〟

後日、私は社長の父親に、「あなたの息子は、頭がいい。経営者の器だ」と誉めた。すると、父親は、「あの息子には、本当に手を焼きました。高校時代は番長を張っていて、四回も退学処分になりそうになったんですが、そのたびに、私が校長に土下座して退学処分を免れたのです」とは言うものの、顔は喜色満面である。

この父親も、創業オーナーとして、旧制の高等小学校卒業ながら、実に頭のよい決断のできる人物であった。私は、この父親に、「社会人になったら、知識だけではなく、どれくらい知恵を活かせるかが重要でしょう。学歴はもはや関係なく、人間の器がどれほど大きいかということと、自分の頭の中で考えて自身の言葉で語ることができるか否かが大事でしょう」と言うと、「まったく、そのとおりです」と答えた。とはいえ、親にとって自分の子どもは、いくつになっても、所詮《しょせん》、洟《はな》垂れ小僧にすぎないのだ。

以前、社長と打合せをしているとき、この社長の頭の良さに感心して、「君は、卒業した大学はどこか」と尋ねたことがある。すると社長は、「私は工業高校卒です。しかも、一年留年しました」と言う。社長は、前社長である父親の方針もあり、パチンコ店のホール係からの叩上《たたき》げで、従業員の苦労をよく知っている。

社長は毎晩遅くまでパチンコ店の雑用もやっていたことから、パチンコ店の現場についても十分に理解していた。営業本部長も、社長と同様に、パチンコ店のホール係からの叩上げである。父親が子どもを平社員から鍛えた成果がここにきて一気に花開いた。

一方、社長の兄である長男は、甘やかされて育った。入社して、いきなり専務からスタートし、周囲からチヤホヤされたであろうこともあり、考え方や生き方が甘くなり、結果として、一五億円の手形詐欺にあったりもした。

社長は、前社長である父親と専務であった長男が経営責任をとって辞任したため、平社員から、いきなり社長に就任した。私は、このオーナーファミリーをみて、今の社長たちに、「絶対に、今後も長男を経営陣に入れるな。彼は、経営者の器ではない」と言っている。今日でも、長男は経営陣に入っていない。

File 7

売上金の管理

多いときには一〇億円、少ないときでも三億円もの売上金の管理は大変なプレッシャーだったが、口座名義が思わぬ効果を生んだ。

売上金を管理しつつ使途をチェック

私は、「約束したら、必ず守る」をモットーにしている。そのため、約束が成立するまでは相手方と熾烈《しれつ》な争いをして、ときには激しく大声で条件交渉をすることもある。

さて、金融機関には毎月二五〇〇万円、大口リース業者には毎月一五〇〇万円の支払いを約束した。そこで、その支払いの確保をどうするかが問題となる。

その解決策として、A商事の売上金を私自身で管理することにした。「A商事グループ代理人弁護士萬年浩雄」名義の銀行口座を開設し、A商事の全店舗に対し、二日おきに釣り銭分を除いて売上全額を私の銀行口座に振り込むよう指示した。

業者や債権者への支払いは、毎日、A商事の経理部長が私宛てに、「本日一億円を送金願いたし、内訳は以下のとおり」という形式で、明細を文書でFAX送付し、私がチェックしたうえで会社に金額を振り込み、会社から関係者に支払わせていた。

私は内訳書を丁寧に見て、私に無断で金銭を流用していないかをチェックし、疑問に思ったときは、経理部長に電話をしてその理由を問いただした。初めて見る支出費目や意味不明な費目については、詳細に説明を求めた。

経理部長に対しては、日頃から、「君は石橋をたたいても渡るな。慎重に判断しろ」と言っていたのにもかかわらず、私が鋭い質問をすると、返答がしどろもどろとなることがあった。「これは、社長の指示で資金を本来の目的以外に使っているのではないか」と私が判断したときは、その分の金額をカットして振込を行った。

売上金管理のきっかけ

私が売上金を管理するきっかけとなったのは、金融機関等への定期払いの確保のためだけではなかった。それは、会議の中で、万が一、債権者が店の売上金を仮差押えしてきたときにどう対応するかという時に出た知恵であった。その当時、他のパチンコ店では、店舗内に一番現金がストックされる時間帯に、現金が根こそぎ仮差押手続や差押手続等を受けているとの情報を得ていたからである。

もともと、売上金の管理については、「各店舗ごとに取引銀行があるから、一日の売上金を夜間金庫に入金するべきだ」とか、「毎日の入金作業中に従業員が着服横領したり、また万一、強盗の被害に遭遇したらどうするのか」といったことを喧々囂々《けんけんごうごう》議論していた時期もあった。

パチンコ店は現金商売であるから、店舗には常時現金がある。極端な場合、毎日店舗に現金の仮差押えや差押えをされたら、たちまちキャッシュフローに支障をきたすことになる。現に、不誠実な債務者である他のパチンコ店の中には、連日のごとく差押手続を受けていたところもある。

A商事は差押等を受けるような切迫した状況では決してなかったが、万一、強盗等に遭ってしまった場合の被害を最小限に抑える意味を含めて、万全を期すかたちで、私の指定する銀行口座に振込をさせて、売上金を一元管理する体制にしたのである。なお、振込手数料も馬鹿にならないから、二日おきの振込にした。

私は、預り金は私の事務所やプライベートの預金口座と別に、「○○代理人弁護士　萬年浩雄」の銀行口座を設置している。小口の預金口座はまとめて私の受任業務用の預金口座に一括しているが、大口あるいは定期的に預金を預かる場合には、個別的に依頼者ごとに預金口座を設置している。

A商事グループは数社で構成されているから、各社ごとに預金口座を開くと、私がA商事グループに送金する場合、どの口座からいくら払い出してよいのかがわからない。そこで、「A商事グループ代理人弁護士萬年浩雄」名義の銀行口座を開設した。

売上金管理のチェック体制

その預金口座には、多いときには一〇億円、少ないときでも数億円の残高が常にあった。

私は、この通帳を常時見ていると悪魔のささやきの誘惑に負けるかもしれないと思い、担当秘書に通帳を保管させ、さらに事務所の事務長がダブルチェックをしていた。

また、A商事の社長たちが私の事務所に来たときは、私は常に社長にこの通帳を見せて、預金の残高がいくらであるかを報告していた。社長も、経理部長を通じて、常時、この口座の預金残高がいくらであるかを把握していたらしく、私がこの通帳を見せると、「そんなもんでしょう」と納得していた。

預け先の銀行も、当初は、「この大金を是非、定期預金に」と勧誘に来ていたが、私がこのお金は「売上金管理口座」であると説明すると、納得して、二度と定期預金の誘いはしてこなくなった。

弁護士は預金の取扱いには非常に神経を使う。二〇年くらい前は、破産管財人の銀行口座は普通預金口座であり、そこから定期預金にするときは破産管財人としては何となく着服・横領しているのではないかと違和感を感じて、数億円でも普通預金にしていたものだ。ところが、一〇数年前から、破産管財人が数億円を普通預金口座に何年も入金しておいたままでいると、逆に任務懈怠《けたい》でないかと非難される時代となった。定期預金にしておけば、高金利で破産財団が大きく組成されるのではないかという、債権者側の認識と批判である。

私の知っている破産管財人が、破産財団の預金を元本保証のない財テクに投資して問題になったケースがあった。私は、元本保証のある定期預金をすることで、債権者の批判を招かないようにしていた。ただし、普通預金から定期預金にするときは、そのつど、裁判所の許可を得て定期預金化したのである。私が大型破産管財人の任にあったとき、三五億円を定期預金化したときは、その利息もかなりの金額になった。

売上金管理の副次的効果

私が売上金を管理した目的は、前述したごとく、第一義的に、金融機関等と約束した金額を私のほうで責任をもって支払うためであった。しかし、金額が高額であったので、私から各業者に支払ったとき、ミスが生じたら多大な損害賠償債務を負担することになる。電気代だけでも、毎月数千万円単位である。私は恐ろしくて、その支払いはA商事の経理部長に行わせた。私と秘書の防禦策であった。

しかし、この売上金の管理が副次的な機能を有していることは、後日知った。それは、グループ全体の売上金であるから、グループ下の個々の会社の債権者による銀行預金の差押等ができないのである。つまり、債務者が特定された銀行口座ではないことになる。これは、都市銀行（当時）の管理部長から指摘を受けるまで、私は気付かなかった。

「先生もうまい手を使いますな。差押えできないじゃないですか」と言われてはじめて、グループの預金口座を設置したことが差押防止の機能を営むことに気付いた。

さらに、私が売上金を管理していることから、A商事の経営陣も売上金を勝手に使用できず、A商事の無駄遣いを防止することもできた。私が常にA商事のキャッシュフローを監視しており、必然的に私がA商事の財務担当者の役割をも兼ねていたことになる。

私が預金口座を設置した当初は、そういう財務担当的役割を私がするとは夢想だにしなかった。単に差押防止と定期払いの履行確保が狙いだった。私は、この売上金管理の方法をその後の企業再建の方策の一環として、よく利用することにしている。

しかし、依頼者の売上金管理は本当に神経を使う仕事である。私はこの売上金管理を、A商事が第一会社から第二会社に全店舗を移管するまで行っていた。

弁護士は誘惑の多い職業

最後の店舗を第二会社に移管したときに、預り金を全部清算して、私の売上金管理は終了した。

さすがにこのときは、無事故で預り金の清算ができてホッとしたものである。弁護士の懲戒事由には預り金の流用が多い。やはり、高額の預り金は、事務所経営がうまくいかないとき、悪魔のささやきの誘惑に、つい負けそうになるのである。その悪魔のささやきに負けないように弁護士事務所経営をきっちりとし、ある程度小金をもっていなければならないと思った。

私は相手方から、「先生、私に便宜を図ってもらったら、〇〇万円あげます」と言われるときがある。私はそのときの返事として、常にこう一喝する。

「私に一〇〇億円くれたら、私は悪魔のささやきに負けるかもしれない。あなたは私にこの事件で一〇〇億円くれるか。それ以下であったら、私は地道にこつこつ仕事をして、それくらいすぐ稼ぐよ。私を見くびるな」と。

すると、たいがいの相手は、その申し出を撤回する。

弁護士は、金銭的誘惑や相手方からの甘いささやきの誘惑が多い。私の顧問会社がM＆Aにより、三〇〇億円で株式を売却した。すると、買収者のファンドが、顧問弁護士である私に、「被買収会社は何ら法的問題点はない」旨の書類に署名してくれと言ってきた。

私は、その顧問会社の決算書等は今まで一切見たことはない。その会社の総務部長も私に「署名しないほうがいいですよ」とアドバイスをする。

私はそのファンドに、「この署名の報酬として三〇億円くれるのか。仮に三〇億円やると言っても、署名するものか。このM&Aで何か問題が起きたときは、あなた方は私に損害賠償請求するだろう。私はそんな無責任な弁護士ではない」といって拒否した。

しかし、そのファンドは、別のケースで、決算書を一度も見たことない弁護士を説得して署名させたのである。弁護士も矜持《きょうじ》をもつべきだと思う。

File 8

RCCとの攻防戦

今回の企業再生においてもRCCが登場した。私とRCCには、よくよくの因縁があるのだろう。RCCの意義と限界について考える。

RCCに感じること

A商事はかつての住宅金融専門会社（以下、「住専」という）からも借金をしていた。住専は周知のように、バブル経済の崩壊と同時に破綻し、この住専と金融機関を救済するために、国策会社として整理回収機構（以下、「RCC」という）が設立された。

私は、RCCは住専の事後処理機関としての国策会社であり、日本の不良債権処理をするために公的資金を注入したのはやむをえなかったと思っている。なぜなら、住専には多くの金融機関が融資をしており、住専が倒産すれば、多くの金融機関に多額の不良債権が発生し、金融機関の体力低下で、「貸し渋り、貸しはがし」が行われ、多くの取引先が倒産することになったであろうからである。

金融機関は日本経済のいわば動脈であり、健全なる金融機関は、日本経済の存立基盤である。だからこそ、健全なる金融機関を守るために公的資金の投入はやむをえなかったと思っている。今般のリーマン・ショックでも同様な問題が生じている。日本経済は「失われた一〇年」でバブル経済の学習効果があり、今般の経済不況では十分に克服できると期待している。

しかし一方で、ＲＣＣは国策会社として、債権回収において、債務者にあまりにも多くの涙を流させ、あこぎな手段をとりすぎたと思っている。

いわば、水戸黄門の印籠を振りかざしすぎて、国策会社に何を文句を言うのかといった姿勢が露骨すぎたのではないかと思う。ＲＣＣの弁護士の中には、債権回収にあたり、厳しい取立てをしていたケースがあったのではないか。

当時のマスコミや政府も、ＲＣＣの働きを賞賛していたことから、こうした状況がより強まったのではないか、と感じている。企業再建に従事した弁護士の多くが、ＲＣＣの対応に批判的なのは肯《うなず》けるかなである。

RCCとの因縁

Ａ商事は、ＲＣＣが担保をとっている店舗を任意売却した。残債務は一億二〇〇〇万円あった。私は、ＲＣＣに対し、当然、残債務をカットするよう要請をした。それは、他の金融機関との間では、「担保割れした残債務は当然カットする」という紳士協定を結んでいたからである。ＲＣＣにも同様なことを要請した。

住専はパチンコ業界に多額の融資をしていたことから、ＲＣＣにはパチンコ店に対する不良債権が多数あった。パチンコ店は日銭が入るせいか、ＲＣＣに対し、律儀に債務弁済をしている会社が多かった。そうしたことから、ＲＣＣは、「Ａ商事のみを優遇するわけにはいかない」として、残債務の請求訴訟をしてきたのである。

実を言うと、私はかつて、別の案件において、破産管財人としてＲＣＣと熾烈な戦いを展開したことがあった。そのときは、破産管財人として不動産を任意売却するにあたり、破産財団へ一〇パーセントをバックするというルールを設定したのだが、これに対し、最も強く反対したのがＲＣＣであった。ＲＣＣが、「萬年シフト」なるものをつくって、対抗策を練っているとの情報を得たので、私はＲＣＣの最高幹部クラスと政治的決着を図るべく交渉した。私の親しい弁護士がＲＣＣの幹部であったが、彼は「ＲＣＣは国策会社だから、他の金融機関と同列扱いというのは認められない」と主張した。そこで、ＲＣＣの立場に譲歩して、五パーセントをバックするというかたちで政治的決着をつけたのである。

和解に持ち込む

Ａ商事への請求訴訟に至る前に、ＲＣＣとは示談交渉をしていた。しかし、その場においても、ＲＣＣの顧問弁護士は国策会社という金科玉条の錦の旗で全額回収を強固に主張してきた。私は、交渉しても時間の無駄だと判断した。すると、その後すぐに、ＲＣＣは訴えの提起をしたのである。

訴訟におけるＲＣＣの代理人は事件弁護士であり、常識家であった。そこで私は、残債務があることは争いようがないが、本件事案は判決ではなく和解になじむので、和解での解決を図るべきだ、と裁判官と原告訴訟代理人に対して強硬に主張した。Ａ商事は、現在、企業再生中であるから、キャッシュフローがないので一括弁済は不可能である。したがって半年に三〇〇〇万円ずつ支払うので、半年に一回、裁判期日を入れて欲しいと提案した。

この提案に対し、ＲＣＣの代理人も裁判官も、私の方針に賛成し、辛抱強く和解期日につきあってくれた。私のほうも、Ａ商事に、半年ごとに必ず三〇〇〇万円ずつ振り込むよう、指導をした。半年に一回の和解期日は、支払状況の確認のためでもあった。

私は、「裁判所に場所だけを貸してもらったら、事件は両当事者で解決する」と主張し、裁判所はそれを許してくれたのである。二年かけて一億二〇〇〇万円を支払った後、「和解しましょう」と提案すると、ＲＣＣは、金利分を要求してきた。

それに対し私は、「他の金融機関には、担保割れに泣いてもらい、Ａ商事の再建に協力してもらっている。それなのになぜ、国策会社だからといって元利金をとるのだ。国策会社であるなら、日本経済の再建のために先頭を切って元本割れに協力すべきではないのか」と憤然として主張した。

すると、相手側は、「ＲＣＣは国民の血税を使った国策会社なので、ある程度の金利をもらわないと国民に申し訳が立たないのだ」と大義名分を言う。現に、ＲＣＣの債務者は、このＲＣＣの論理に押されて、こつこつと元利金を支払い続け、それを拒否すると、ＲＣＣから合法的に倒産させられていた。

私も、こうした事実を知っていたので、最終的に、ある程度の金利相当分を支払って解決するしかないと判断した。そして、金利分を支払い、最後の和解期日では、「原告と被告は、もはや何らの債権・債務は存在しないことを相互に確認する」という和解条項で終わったのである。

論戦はしたものの、本件訴訟のＲＣＣ代理人である弁護士は、人格的にも尊敬に値する人物であったと今は感じている。辛抱強く、二年もの間、和解期日に付き合うかたちで、間接的にＡ商事の再建に協力してくれたのである。また、本件訴訟の裁判官も立派であった。実質上、裁判所は場所だけ貸すかたちで、被告の経過報告のみを半年に一回聴くだけで、「この調子で頑張ってください」と言って見守ってくれた。短期決戦で解決に臨む裁判官が多い中、この裁判官はみずからの司法哲学をもって、双方にとって円満な解決策は何かを提案しながら、交渉の場を貸し続けてくれたのである。

企業再建と銀行員・弁護士

住専問題が解決すると、ＲＣＣの存在価値が問われ出した。現在のＲＣＣは機能論的に不良債権の回収と企業再建の二つの機能を発揮したいとしている。ＲＣＣは、従前の弁護士主導型から職員主導型に転換しつつあるが、これは世間の批判に対応した路線変換と評価はできるであろう。

しかし、はたしてＲＣＣに企業再生の能力があるのかは、疑問ももっている。ＲＣＣの職員の多くは、金融機関出身者か出向者である。私は、銀行員は「守りには強いが、攻めには弱い」ので企業再建の能力はないと思っている。つまり、銀行員は会計帳簿を見て資金繰り表を分析することには長じていても、営業を強化する方策にはうとい。たとえば、銀行員がスーパーの社長になっても、にんじん一万本を入荷してそれを完売するのにはどういう営業戦術が適正かについては、わからないであろう。この理は、弁護士も同様ではあるのだが。

よって、企業再建においては役割分担が重要なのだ。経営には経営陣が専門家として担当し、債権者との交渉は弁護士が担当する、といった役割分担を私は重視する。

銀行員は、企業再建の方法論を構築するのはできるかもしれないが、それを実践するための、多数の関係者を説得する方法等はみずから立案できないのでないか。

ＲＣＣはもとより、コンサル会社や銀行主導型の企業再生も、芳《かんば》しい成果についてそれほど多くは見聞きしていない。当初はうまくいっているようでも、実際は経営状態が思わしくないケースも多い。

かつて、アサヒビールやマツダの再建において、銀行員出身者が活躍して成功した。しかし、これらの場合は、実はその銀行員出身者が、もともと経営者の器であったということではなかろうか。私は、銀行員一般に経営能力があるわけではないと思っている。銀行員と弁護士に共通するのは、書類等をみて第三者的に評論をし、批判をすることはできても、「それでは、おまえがこの企業の経営をやってみろ」と言われて、はたして企業経営ができるかは非常に疑問であると思っている。私には少なくとも企業経営の能力はない、と自覚している。

それは、何度も強調するように、経営者と法律家が、経営と企画、交渉の役割分担をし、かつ、徹底的な議論をしながら協同的に再建業務に従事しない限り、企業再建はできないと思うからである。

File 9 あるノンバンクとの熾烈な闘い

これまで友好関係にあったノンバンクとの間で、確認書の条項の解釈をめぐって裁判上の争いが始まった。勝訴したものの抵当権実行がなされ、ライバル店が落札する。

唯一の融資元と確認書を締結

金融機関やリース会社等との融資契約の切換えが着々と進み、残る借入先は、あるノンバンク一社のみとなった。これを「甲社」と呼ぼう。

甲社とは、これまで長い間、友好関係が続き、A商事もだいぶ助けられてきた。前に述べたA商事のある店舗が台風被害に遭った際、A商事が火災保険金を全額受領できるように配慮してくれたのも甲社であった。

甲社との間では、採算店のうちの一つを第二会社に移管し、担保を設定している別の店舗を第二会社へ移管することについて、確認書を取り交わしていた。

しかし後日、この確認書の解釈で、甲社との間でトラブルが発生することになる。確認書は、「残りの店舗も、可能な限り、第二会社に移管するよう努力し、残債務については、後日、別途協議する」という内容であった。

その頃、残債務は約一五億円ほどあり、いよいよ確認書でいう残店舗を第二会社に移管するべきか否か判断する時期になっていた。A商事としては、確認書を締結した段階では本件店舗を第二会社に移管しようと考えていたのは事実であった。

しかし、パチンコ店経営は、日々変化するといっても過言ではない。店舗の近所にライバル店が出店したときに、即座に対抗できるか否かが勝負である。対抗できると判断したときは、当店の出玉率を上げて集客し、ライバル店の客を奪う戦術をとる。出玉率を上げることは玉を出すということであるから、当然に店の利益は落ち、場合によっては赤字となる。その体力を維持できるか否かは、キャッシュ・フロー（資金繰り）に左右されることになる。

A商事の他の店舗で、一カ月あたり一〇〇万円の純益が出る店舗を閉店したことがある。パチンコ店経営に素人の私は、一〇〇万円でも返済原資として貴重ではないかと思ったが、社長は、「一〇〇万円程度の純益では、パチンコ店の経営をする意味がない。ライバル店に負けて閉店するよりも、自主的に閉店したほうが、グループ全体のイメージとしては良い」と考え、強引に閉店したことがあった。

本件の問題点は、負債一五億円をこの店舗で返済できるかということである。A商事の社長の経営判断は、「この店舗で一五億円の返済は無理であり、むしろ閉鎖したほうがよい」ということだった。

確認書の解釈で対立

そこで私は、甲社に、「本件店舗は第二会社に移管しない」旨を通告すると、甲社が「約束が違う」と主張し、〝喧嘩〟になったわけである。

これは、確認書の中の、「可能な限り、第二会社に移管する」という部分の解釈の相違である。私は「それは、努力目標である」と主張したが、甲社は「それは移管を確約したものだ」と反論する。今まで友好関係であったものが、一挙に険悪な関係になったのである。

甲社は、A商事の社長と営業本部長を相手に、第二会社の株式を仮差押えしてきた。私はさっそく、甲社の仮差押申請書一式を裁判所を通じて謄写し、これを精査して作戦を練った。

仮差押申請書は、謄写されて相手方に手の内を見られるから、あまり本音を詳細に書くのも考えものである。

私は、謄写した申請書一式を熟読して、甲社の弱点を発見した。そこで私は、甲社の株式仮差押命令に対して、直ちに仮差押異議申立てをした。仮差押手続は、密行性・迅速性を尊ぶことから、原則として、債権者の一方的な申立てで仮差押決定を出す。そのため、債務者側の主張について、裁判所は一切知らない。

私は、仮差押異議の申立てで、「なぜ、仮差押決定が不当であり、それを取り消すべきであるか」について、詳細な主張と立証をした。再建型任意整理の当初から今日までの経過を詳細に主張し、また、確認書の解釈についても、「本件店舗を第二会社に必ず移管する確約をしていないし、残債務一五億円についても、第二会社は重畳《ちょうじょう》的債務引受けをしていない」と主張した。

A商事の社長たちは第一会社の連帯保証をしていないから、第二会社の重畳的債務引受けの成否が争点となったのである。

仮差押決定は取り消されたが……

私が起案した確認書について、仮差押異議申立ての段階であらためて読むと、我ながら、まったく玉虫色の文章であり、A商事にとって、きわめて有利に解釈できることに気付いた。

金銭消費貸借契約は、元金、利率、弁済期を定めないと成立しないが、確認書では、元金は定めているが、その借入利率や返済条件については別途協議となっている。これでは、第二会社の重畳的債務引受契約はいまだ成立していないはずである。私はこのように強く主張すると、裁判所は、私の主張どおりの事実認定と法解釈をして、仮差押決定を取り消した。

なお、仮差押命令に対抗するには、「本訴を提起せよ」という起訴命令申立手続がある。起訴命令で定めた期間内に本訴を提起しないと、仮差押命令が取消になるのである。私は本件の場合、わざわざ本訴で争う必要はないと思い、起訴命令申立てをしなかった。

ところが、甲社の側から、本訴を提起してきたのである。そこで私は、仮差押異議申立ての手続で主張・立証してきたものを、再度、主張・立証した。そして一方で、私は〝片手で〟甲社に対し、「早くサービサーに債権を売却して、無税損金処理したほうがよいのでないか」

とジャブを使っていた。

仮差押異議で勝ったものの、本訴の裁判官はポーカーフェイスで、裁判官の心証がまったく読めない。これでは、判決が、どちらに転ぶかわからないので危険である。

私は、甲社の代理人弁護士に、「サービサーに債権売却したほうがよい」、「A商事の再建の邪魔をするのはおかしい」と批判して、ジャブを強めた。これに対し、甲社の代理人弁護士はきわめて頭の切れる弁護士であり、本件訴訟を冷静にみていた。

ある日、相手方弁護士から連絡があり、「先生の言うとおり、本件債権をサービサーに売却することに決めました」と言って、本当にサービサーに債権の売却をしてくれたのである。

その後、本訴の取下げ手続をしてくれた。私は喜んで、訴えの取下げに同意した。これをもって、甲社との裁判上の闘いが終わった。

抵当権の実行でライバル店が落札

しかし、甲社は、本訴の取下げをする前に、抵当権実行の申立てをしていた。二店舗に対し、甲社が一番抵当権者になっている。そのうちの一店舗は、A商事の稼ぎ頭の店舗であり、これはすでに第二会社に移管済みであった。他の一店舗は、不採算状態の店舗であった。そこで、不採算店舗は「捨てる」ことにした。仮に他のライバル店が競落しても、A商事にとってはなんらの痛痒《つうよう》も感じないからである。

問題は、すでに第二会社に移管した採算店である。当然、A商事も裁判所の入札に参加したが、結果として、ライバルのパチンコ店が落札してしまった。競売というものは、本当にわからないものである。時価相場とにらんでも、各人の考え方によって、欲しい物件の場合は高値でも入札してくるからである。

かつて、マンションの競売の際に、私が代理人として最低競売価格に三〇〇万円を上乗せして入札価格を定めたにもかかわらず、その物件には二五人が入札して、最低競売価格に一〇〇〇万円増すかたちで落札された経験がある。

新店舗で対抗

落札者に引渡しをするまでは、その店舗は出玉率を抑え、粗利率も三〇パーセントを超して、最後の荒稼ぎをした。こうして荒稼ぎをすると、反動で客離れが起こり、結果として、ライバル店がリニューアル・オープンをしても、思うような集客にはならない。

Ａ商事としては、この店舗の立地条件の良さに未練があり、すぐ近所に土地を確保し、新たな店舗開店を試みた。従前と異なり、自社所有物件としてではなく、定期借地権を設定して確保した。そして即座に、店舗を建築してパチンコ店を開店し、入札で負けた悔しさを新店舗で対抗しようとした。

私はある県のパチンコ業者の協同組合の顧問をしているが、パチンコ業界ほど、仁義なき闘いをしている業界はないと思う。なぜ、同業者と共存共栄しないのかと不思議に思う。私は、ある県のパチンコ業者の協同組合の会合に出席したときは、「共存共栄でいきましょう」と強調するが、効果はない。パチンコ店経営の要諦は、キャッシュフローで勝負が決するということをいかに肝に銘じることができるかどうかにある。

File 10 サービサーとの攻防戦

サービサーの動かない担当者を前に、一五億円の債権を五〇〇〇万円で解決するという最後の大きな山を乗り越えることになった。

店舗売却時の留意点

私は、不採算店のパチンコ店を売却するとき、買主をパチンコ業者に限定した。なぜなら、パチンコ業者以外に売却すると、他業者にとって店舗は解体するしかなくなり、その結果、不動産売買価格としては土地代のみとなり、一方、建物の解体費は売主負担となって、売買価格が恐ろしく低額となるからである。

それに対し、買主がパチンコ業者であれば、建物ばかりではなく、パチンコ業の暖簾《のれん》代も付加して売却でき、高額な売買金額を獲得できるからである。

そして私は、不採算店のパチンコ店舗を売却するときは、不動産売買契約をして以後、代金決済の間までは「徹底的に荒稼ぎをすべし」と指示していた。買主の中には、ずうずうしくも決済前の段階で「買い取った店舗で営業をさせろ」といってくる場合もあった。決済まで気が抜けないのである。店舗を引き渡すまでの、売主・買主の攻防戦はすさまじいものがある。

結局、A商事は、最盛期には一六店舗あったが、第二会社に残ったのは三店舗のみであった。しかし、その三店舗を基軸として、さらに四店舗を新設し、七店舗を営業するグループ会社となった。最盛期には、年商六五〇億円であったが、現在、七店舗で年商六〇〇億円であり、これをみても、いかに経営効率がよくなったかがわかる。まさに、選択と集中の結果であった。

サービサーの位置付け

残るは、甲社がバルクセールで売った債権に関する、サービサーであるS社との決着であった。S社は、私がよく知っている会社であった。私が、かつて銀行の代理人として債権売却をしたことがあったからである。

ところが、そのS社の担当者は、まったく「動かない」人であった。そこで私は、当分の間、〝寝ておこう〟という戦術をとることにした。

サービサーは、金融機関の不良債権を安価で買い取り、一方、金融機関は債権売却で無税損金処理ができる。そして債務者は、サービサーとできる限りの減額交渉をして債務を完済し、企業を再建する。このように、私は、サービサーは金融機関と債務者の救済機関であると位置付けている。

銀行に減額交渉をしても、銀行は減額はできない。金融庁の指導があり、場合によっては、銀行の担当者が背任罪に問責される危険性がある。よって、私は、企業再建をするときは、銀行に対し、「早くサービサーに債権売却せよ」と交渉するのである。

「動かない」サービサーの担当者

私がかつて銀行の代理人としてS社に一五億円の債権を売却したときには、債権を購入したS社の担当者が、直ちに債務者のところに飛んでいった。ところが、本件の担当者は、支払いを求める通知文書を出したままで、何ら積極的行動をしないのである。

私が、上京する機会があったので、「ホテルのロビーで交渉しましょう」と持ち掛けても、その担当者は「私は、自分の机から離れることはできません」といって、出向いてこなかった。私は、この担当者が「無能である」と判断した。

私は、サービサーの担当者と交渉するとき、さりげなく、サービサーに入社するまでの経歴を聞くことにしている。都市銀行、地方銀行、信用金庫、信用組合、ノンバンク、事業家向け貸金業者と、その出身母体は、まちまちである。しかし各々、出身母体の文化を身につけているので、経歴を聞くことは、その対策を講じるのに役立つ。

事態を動かす策

私は、二年間、S社との交渉を放置していたが、それでも、この担当者は動かない。そこで、私は対策を講じた。

私は、親しい関係にあるサービサーのT社に働きかけて、「S社から一五億円の債権を買ったらどうか」とけしかけたのである。もちろん、T社とは綿密な打合せをし、本件債権の取得原価はいくらであろうかと算定した。本件債権には二番抵当権がついているが、余剰価値はないと思われるから、ほぼ無担保債権の売買と同じであろうと考えた。そこで、S社の本件債権の取得価格は一〇〇〇万円前後ではないかと推察した。

そこで私は、S社から再取得するかたちになるT社に対し、「三〇〇〇万円で債権を買い取る」といって交渉してほしいと頼んだ。これならばS社に二〇〇〇万円の利益が出るので、ビジネスとしてもうまみがあると判断したのである。

一時、ファンドバブル全盛期には、銀行が不良債権を売却する玉が減少してサービサーが高買いする現象が生じた。私は、サービサーが譲り受けた債権の取立訴訟はほとんど経験がなく、交渉で解決している。ところが、あるサービサーが別件で訴訟をしてきたことがあり、そのときは、無担保の一億二〇〇〇万円の債権の取得価格は高くても三〇〇万円くらいであろうから、五〇〇万円で和解しようと提案したことがある。これに対し、このサービサーの顧問弁護士が言うには、「先生、本件債権の取得価格は一二〇〇万円ですよ。原価割れの和解はできません」と言われて、一二〇〇万円で和解したことがある。

これは一例だが、その時点での金融情勢や日本経済の動向をみたうえで、サービサーの債権取得金額の予想をする必要がある。

サービサーが動いた

T社が三〇〇〇万円で債権を買うという申込みをすると、やっと、S社の顧問弁護士が登場してきた。私は、さっそく、その顧問弁護士と電話交渉をし、「ほぼ無担保債権であるから、取得価格は一〇〇〇万円くらいでしょう。そこで、売却価格としてT社が三〇〇〇万円を提示したのでしょう」と言った。すると、S社の顧問弁護士は「せめて五〇〇〇万円以上でないと困ります」と、はじめて具体的な数字を明示した。

すかさず私は、「五〇〇〇万円ですね。では、別の購入希望者もいるかもしれないので、依頼者に聞いてみます」と言って、電話を切った。

実は、私は、A商事から一億円以内でこの債務を解決してほしいと依頼を受けていたので、翌日、私はこの顧問弁護士に連絡して、「五〇〇〇万円を一括で支払う」と返事をした。

問題は、その五〇〇〇万円をA商事が支払うのか、あるいは関係会社が支払うか、である。S社側がいうには、「A商事が五〇〇〇万円を支払うなら、A商事および代表者の決算書、確定申告書等が必要である。しかし、第三の会社が債権を購入するなら、内部審査はいらない」ということであった。A商事で支払えば損金処理できるが、免除益対策が必要となる。一方、第三の会社が本件債権を購入すれば、A商事は損金処理できないが、免除益対策は不要となる。

私は、公認会計士を交えて協議した結果、第三の会社がS社から債権を購入することにした。それは、A商事の決算書や確定申告書等を提出すれば、五〇〇〇万円では処理できない危険性もあるからである。

そこで私は、S社の顧問弁護士に連絡し、「二番抵当権の抹消登記手続の書類と引き換えに五〇〇〇万円を支払うので、福岡まで来ませんか」と誘ってみた。相手の弁護士については、当然ながら、弁護士大鑑で身元を調査したうえでの電話である。私が司法修習期では上であるから、「福岡に来てくれ」と言っても失礼にならないだろうと判断した。

不良債権がなくなる

S社の顧問弁護士が福岡に来て、無事、一五億円の債権を五〇〇〇万円で譲り受け、債権譲渡契約書に署名押印した。かつ、抵当権を抹消登記手続した。そして、A商事の残債務をすべて債権放棄させた。

これでA商事の不良債権はなくなり、私の一〇年間にわたるA商事の企業再建は完成したのである。

しかし、最後のサービサーとの交渉は、疲れた。交渉時には、金融機関やサービサーの担当者の人間性・人間の器がまさに問われる。このS社との交渉においても、早期に交渉をすれば、すぐに解決ができた事案である。

私は、交渉の相手から、「私は自分の机から離れることはできません」と一方的に言われたのは初めてであった。

このケースとは逆に、私は、あるサービサーの担当者から、債権譲渡通知を受ける前に、「早期に解決しましょう」と持ち掛けられて、一〇億円の債務を一〇〇〇万円で、しかも一年間の分割払いで処理したことがある。やはり、物事が進むも進まないも、担当者の姿勢次第である。

File 11 創業者の経営責任

連帯保証人の自己破産申立ては、金融機関の無税損金処理の最後の仕上げである。A商事の創業者の経営責任の取り方を考える。

経営責任のとり方とその後

私的整理ガイドライン等では、企業再建にあたり金融機関は、債務者企業の経営責任や株主責任を問責したうえで債務カットに応じる、としている。しかし、中小零細企業の場合において、一律に経営責任や株主責任を問うのは問題であろう。中小零細企業ではオーナーが株主であり、経営者でもある。そして、経営者にはカリスマ性もある。こうした点から、オーナーが経営責任をとって経営から退いた場合、「では、次に誰が経営をするのか」ということになる。

古参社員には、オーナーのイエスマンが多く、かつ、オーナーの発想法や経営手法を見聞しているから、彼らが後任経営者になった場合、ミニ・オーナー化する可能性が強い。現に、私はそういう場面をいくつか見てきた。

創業者の自己破産申立て

A商事は、和議申立直後に、前任の弁護士の指導で、初代社長（父）と専務（長兄）が経営責任をとって辞任していた。そして、その後任として二男がA商事の社長（現社長）に、三男が営業本部長に就任していた。二人は二九歳と二七歳で、両者ともこれまでパチンコ店のホール主任にすぎなかった。

ところで、A商事の前社長と前専務は、A商事が金融機関から借金した際、連帯保証をしている。そこで、金融機関が無税損金処理をするためには、連帯保証人も無資産状態であることを立証しなければならない。そのためには、連帯保証人が自己破産の申立てをするのが一番簡明で手っ取り早い。

私は、連帯保証人である前社長と前専務に、自己破産の申立てをする必要がある旨を少しずつ説得し、根回しをしていた。A商事の再建に目途がついたら、一挙に二人の自己破産申立てをしようと決めていたのだ。しかし、創業者オーナー親子はプライドが高いので、時間をかけてでも自己破産申立ての必要性を説明する必要がある。

私は前社長には、折にふれて、「金融機関の無税損金処理に協力しないとダメですよ。そうしないと、金融機関は、A商事の再建には協力しませんよ」と説得していた。そして、いよいよA商事の企業再建が大詰めにきた段階で、私は前社長と膝詰めの談判に及んだ。

前社長は旧制高等小学校の卒業であったが、実に頭が良く、かつ、決断力もあった。私が、なぜ前社長が自己破産の申立てをする必要があるかを説明すると、事態をきちんと認識し、理解を示した。前社長は、「明日でも、自己破産申立ての手続をとってほしい」と言うが、私は「時期を指定するまで待ってほしい」と返答した。

自分は犠牲者だと考える前専務

問題なのは、前専務の長男である。私が前専務を説得しても、「自分はA商事の犠牲者なのに、なぜ自己破産の申立てをする必要があるのか」という考えで、被害者意識が強いのである。長男が手形を詐取されたからA商事が危機状態に陥ったことを認識もしていないし、反省もしていない。

そこで、前社長である父親が長男を強引に説得して、自己破産申立ての決意について因果を含めた。しかし、自己破産申立ての打ち合わせの際にも、長男はふてくされていて、あまり協力的ではなかった。

しかし、父親の説得もあり、長男もしぶしぶこの状況を受け入れた。前社長と前専務の自己破産申立ての用意ができると、私は、破産管財人がつかない同時廃止手続ができるように配慮をした。自己破産申立ての結果、二人とも同時廃止事案となり、短期間で破産手続は終了し、無事、二人の免責決定をとることができた。これで、金融機関は、無税損金処理ができたわけである。

第一会社を清算

次に問題となるのは、A商事の第一会社の清算の仕方である。破産申立てか特別清算の申立てをするかを考えたが、法的清算手続をとると、第二会社が否認行為や法人格否認の法理で問責されたら、今までの苦労が水泡に帰すことになる。

そこで私は、第一会社を休眠会社にして五年間（当時）休眠状態を続け、そのことで法務局による職権抹消での清算手続を採ることにした。なお、休眠状態というためには、五年間役員の移動もせず、登記手続を一切しないようにして、外形上は休眠のかたちをとる必要がある。そこで私は、社長たちに重ねて、「役員の変更もするな、登記手続もするな」と指示をしていた。そして、法人税の徴収がないように、県と税務署に、A商事の廃業届を出すように指示した。そうすると、法人税の均等税の支払督促も来なくなるのである。

あとは、五年間静かに時の流れを待てば、第一会社は法務局により職権抹消され、お金をかけた清算手続は不要となるのである。そうすると、名実ともに第一会社は清算され、消滅する。これで、第二会社が第一会社の営業を承継し、企業再建は完成することになる。と同時に、金融機関は確実に無税損金処理手続を実行することができる。

再建途上における新規融資の困難さ

この段階に至るまでの期間は長かったが、私はA商事の案件を通して、企業再建に関わることができて、本当に弁護士冥利を味わうことができたと思う。

企業再建の途上では、新規融資は、ＤＩＰファイナンス以外は獲得できないのが通常である。私はある都市銀行（当時）に五年にわたって、Ａ商事に新規融資をするように交渉をした。私が依頼者のために借入交渉をしたのは、このときが初めてであった。

当初、「もうそろそろ、新規融資をしてくれてもいいじゃないですか」と銀行に言うと、「（Ａ商事は）まだ入院中です」との返事が返ってきた。こうした問答ができたのも、この都市銀行の債権管理部長と親しくなり、信頼関係も構築できていたので、フランクに交渉ができるようになっていたからではあるが。

しかし、しばらく経ってから同じように頼んでみても、「リハビリ中でしょう」と言うにとどまり、なかなか良い返事をしてくれない。

そこで私は、その都市銀行の支店長に直談判し、「Ａ商事に新規融資をしないのは、銀行の公共的使命である、産業と企業の育成義務に違反しているのではないか」と啖呵を切った。すると期せずして支店長は、「パチンコ店の二代目が育っているのは、Ａ商事の社長のみでしょう」と発言した。そこで私は、「そこまでＡ商事の社長をほめるなら、二億円の新規融資を実行せよ」と迫った。

話をしているうちに、この支店長が私の出身大学の後輩であることがわかった。そこで私は、先輩が後輩に物申すかたちで、融資について説得し強く依頼した。すると、支店長は見返りにスワップ契約を締結することを条件としてきた。私はスワップ契約について公認会計士を交えて協議したところ、借り主に何らメリットがないことが判明した。そこでA商事の社長と協議すると、社長は、「先生、あの都市銀行が当社に融資したという事実が重要なのです。この際、スワップ契約で当社が損をしても二〇〇〇万～三〇〇〇万円でしょう。それくらいなら、メリットのほうが大きい」との経営判断を下した。

そこで私は、支店長に「二億円を借金する。スワップは、どうせお前の点数稼ぎだろうが」と言って、二億円の融資実行をさせた。

バックの銀行があることの波及効果

この二億円の借入金は、新店舗建設のための借入金であった。新店舗の地鎮祭には、その都市銀行の支店長も招待して、挨拶をしてもらった。そして、この支店長の出席と挨拶が、同業者や他の金融機関に多大な影響を与えた。A商事には、この都市銀行がバックについて支援していると世間は評価したのだ。私はこの効果をねらって、A商事の社長に、支店長を招待して必ず挨拶をしてもらったほうがよいと伝えておいた効果が生じたのである。

この後、他の地方銀行からも「融資したい」との申し出があり、A商事の資金繰りもずっと楽になった。これ以降、A商事は頭を下げなくても新規融資を円滑に確保できるようになったのである。

ある銀行には数千万円単位で預金をするようにさせて、新規融資を誘った。その銀行には第一会社が迷惑をかけていたが、結果としては、後々、新規融資が実現した。

私は社長には、「メイン銀行は地銀二行論を実践せよ」、「都市銀行は宣伝に使う程度に取引せよ」と口を酸っぱくして言っていた。なぜなら、都市銀行は〝逃げ足〟が速いからである。

A商事は現在、地方銀行二行をメインにして、また都市銀行とも取引をして、私の理論を実践している。

File 12

総括・企業再建を振り返って

今回の企業再生が成功した最も大きな要因のひとつは、専門家と経営者の役割分担の徹底と相互の連携にあった。

企業再建における各自の役割分担の意義

負債が約一六〇億円あったA商事の企業再建が、一〇年かけてやっと完成した。その成功の原因は、何であったただろうか。

それは、役割分担の徹底と相互の連携にあった。経営は経営陣に、ダーティー・ワーク、つまり債権者との交渉は弁護士に、会計・税務処理は公認会計士に、と各自の役割分担をし、それを弁護士の立場から私が総合的にプロデュースする、というかたちがうまく機能した結果だと思っている。関係者とは徹底的に議論をし、議論の中から知恵を生み出し、ダーティワークは弁護士である私がやり、経営者は債権者に対して「当社の顧問弁護士が失礼な言動をして申し訳ございません」と頭を下げ、いい顔をする。そして、公認会計士が会計・税金の知恵を授けて、再建策を援助するという役割分担である。

Ａ商事の取締役会あるいは経営会議を、私の事務所で毎月二、三回開催していた。これまでにも触れたが、経営陣にも役割分担を求めた。経理部長には、「君は石橋をたたいても渡るな、慎重な意見を言え」、また営業本部長には、「君は強気の発想で、いけいけどんどんの精神で発言せよ」、そして社長には、「二人の意見を聞いて経営トップとして決断せよ」、という具合いにである。そして私は、それらを踏まえて決断するというシステムを構築した。

経営陣との二人三脚

当初、Ａ商事の経営陣が私の事務所に顔を出し始めたときは、皆、暗い顔であったが、回を重ねるごとに笑顔が出てきて、会議中には笑い声が絶えなかった。私の秘書たちが、「この会社は、本当に再建途上の会社ですか」というくらいであった。

なお、経営陣とは徹底的に議論をしたが、私が経営に深く介入しなかったのは、パチンコ経営については私が素人であるという面と、弁護士が深く介入すると、経営陣が「弁護士が会社を乗っ取るのではないか」と猜疑心をおこすのではないかと考えたからだ。

現に私は、弁護士が会社を、実質的に乗っ取ったり、あるいは会社の金を流用するという事例をいくつか見てきた。A商事の経営陣は、当初の段階では、自分達が依頼した弁護士といえども一定の警戒心をもっているのを私は知っていたから、そういう疑惑を招かないように細心の注意を図ってきた。

私は、社長が涙を流して私に抗議してきたときでも、企業再建にプラスにならないと思えば、断固として拒否した。社長は、一時的にせよ、私を恨んだことだろう。しかし、社長と私は、「互いに納得しない限り、前に進まない」と誓っていたから、私はその原則を死守した。

私はパチンコ経営については素人だから、身の丈に合った分相応の発言しかしなかった。パチンコ台でどの機種がよいのかも、出玉率がいくらくらいがよいのかも、わからない。

各種専門家は経営には素人

企業再建においては、はしゃぎすぎた弁護士が経営に深く介入し、失敗していくケースも見聞きしている。こういった点もふまえて、私は同様に、コンサルタントの介入も絶対にさせなかった。

私も、銀行の顧問弁護士をやっている関係で、コンサルタントの報告書というものを多数見てきた。しかし、報告書を読むと、新聞、雑誌、本の切貼り的なものも多く、一般論の展開で、当該企業の経営改善策の抜本的な提案にお目にかかったことはない。しかも、その手数料は数百万円から数千万円単位である。コンサルタントにそれだけのお金を支払う必要があるのか、と感じることが多い。

銀行も、企業の経営については素人ということで専門家の意見を反映させようということもあるのであろうが、大義名分の下に無駄な時間と費用を使っている感も否めない。コンサルタントの報告書を一読しても役に立たず、すぐにロッカーに収納されるのが落ちであろう。

A商事とは別のパチンコ店の再建に従事しているとき、サービサーが「是非、パチンコ専門の経営コンサルタントを経営に参加させたい」と言ってきた。私は、パチンコ店の社長、専務、営業部長を同席させて、そのコンサルタントと対峙した。私はそのコンサルタントに、「君はパチンコ業界に何年籍をおいているのか。前職はどこの会社か。どういう提案をする予定か。当社の具体的な改善策を講じることができるのか。こちらが納得する改善策を提案したら報酬を支払う。納得できない場合は報酬は一円も支払わない」と啖呵を切った。また専務も、「われわれは君の二倍以上のパチンコ経営のキャリアを積んでいる。弁護士を交えた四人の知恵に、君は勝てまい」と言った。

そうすると、パチンコ専門の経営コンサルタントとサービサー担当者はすごすごと帰ったことがある。

自主再建による企業再建の意義

私は、コンサルタントというものを基本的には信用していない。各専門家と依頼会社の経営陣・従業員との間で徹底的に議論し、その過程で知恵が出てきて、それを誰が実行するかの役割を議論するのが自主再建の実態に合うと思う。

私は、企業再建においては、自主再建を好む。スポンサーを見つけて営業譲渡をするプレパッケージ方式は、一回しか経験がない。このときには、前任の弁護士が投げ出した事案を途中から引き継ぐかたちで、その後任として従事した。実質上の依頼者は、メイン銀行であった。私が自主再建策を講じようとすると、メイン銀行と当該企業から、「一年以上前からスポンサーとの交渉をやっているので、このレールに乗って再建をしてください」と強引に言われ、なかば自分のやり方をあきらめたケースであった。しかしこの事案は九州第一号のプレパッケージ型民事再生としてうまく成功し、いまや私は、その会社の顧問弁護士をしている。

自主再建は、オーナー、従業員、債権者、取引先すべてが喜ぶことができる。私はそれらの関係者の笑顔を見たい思いもあり、自主再建による企業再建に従事しているのだ。A商事の場合は、経営陣と私の信頼関係の維持が企業再建の成功への道になったと思う。私は社長に、「一日も早く、通常の顧問会社と顧問弁護士の関係になろう」と言い続けてきた。

パチンコ店の預り金を、全額、A商事に返還したときは本当にホッとした。私も人間だから、悪魔のささやきの誘惑に負けるかもしれないとして、預り金があるときは常に緊張していた。その預り金がなくなったときは、本当に安心したものである。

原点から考える企業再建の要諦

A商事の再建の頃は、まだファンドというものが存在しなかった。各金融機関も自分の頭で考えて債権回収を図り、かつ、取引先の再建に協力するという姿勢があった。債権者も債務者も、互いに真剣勝負で交渉に臨んだのである。

しかし、ファンドが跋扈《ばっこ》する現在、私がA商事の再建に講じた手法が通用するかは疑問である。ファンドは、短期に収益を図るハゲタカ・ファンドが本質であるから、私のとった手続が今日も通用するか、疑問である。

ファンドの跋扈は、新自由主義による金融資本主義での拝金主義によるマネー・ゲームが本質である。昨年のリーマン・ショックで金融資本主義の破綻が明確となった。私はファンドはアングロ・サクソンの狩猟民族的発想であると思っている。

他方、日本民族は基本的には農耕民族であり、額に汗を流して物を作り経済活動を営む文化であるから、金融資本主義になじまず、産業資本主義が性に合っているのだ。シカゴ学派の新自由主義、小さな政府論、市場原理主義は破綻したのであり、日本の文化には合わないのだ。ホリエモン現象や村上ファンドに対して、日本国民は複雑な感情をもっていたが、二人が逮捕されて日本国民が心の中で拍手喝采をしたのは、日本人は農耕民族であると自覚したゆえではなかったのか。

企業再建の手法は、日本の金融政策や経済政策をみながら、各自が工夫し、関係者が知恵を出し合って役割分担し連携するしかない。再生ファンドが跋扈する時代を再現させてはならないと考える。もう一度、金融機関や企業、弁護士等が原点に戻って、自分の頭で一生懸命考えて、企業再建策を講じるべきだと思う。

私は、基本的人権の擁護と社会正義の実現のために弁護士となった。しかし、弁護士の現実の仕事は人間の欲望の後始末の処理ではないかと、嫌悪感を覚えた時代もあった。私は幼い頃、大工等の職人の世界に憧れていた。物を作る仕事に誇りをもち、企業再建というかたちが残る仕事に、私は弁護士冥利を感じるのだ。

（了）

Part 2

熱血座談会

——企業再生を振り返って——

座談会

企業再生を振り返って

期日・二〇一一（平成二三）年四月二七日
於・萬年総合法律事務所会議室
出席者・萬年浩雄弁護士、A商事社長、同専務

●第二会社構想

＊＊＊本日は、本書の主要な登場人物である萬年浩雄弁護士とA商事の社長と専務にお集まりいただきました。これから、本書で紹介される事例の裏話などをお話しいただければと思います。まず、萬年先生から、全体的なお話を伺いたいと思います。

萬年　今回の事業再生では、第二会社構想というのが、ひとつのポイントでした。この第二会社構想というのは、本文にも書きましたが、通常、第一会社（旧会社）の債務はそのままにして、第二会社を設立し、そこに積極財産の営業譲渡はするが債務は継承しないかたちをとり、基本的に什器・備品や従業員を第二会社に移して、第二会社で経営をす

るという方法をいいます。

ここで、第一会社から第二会社に、どの財産を移転し、移転しないかを判断することは実に難しい作業です。たとえば、企業グループを構成するひとつのパチンコ店の収益を判断するのは容易ではありません。業界に通じていない弁護士が判断するのは困難な問題だといえます。

そのため、弁護士、会計士、税理士をはじめとする専門家と経営者側の信頼関係に基づく役割分担とその連携なしには、今回のスキームは成功しなかったでしょう。その役割分担として、弁護士は債権者との交渉を含むいわばダーティーワークを、経営は経営者が分担する。もちろん企業再生という大きな戦略は私が描きます。その範囲内で、みんなで合議をして決定していったわけです。

また、都市銀行のひとつが、再建に協力してくれたばかりか、新しい資金までも貸してくれたわけですが、この経営者の頑張りと私たちの役割分担を銀行が評価してくれたことも、今回のプロジェクトを成功に導いた大きな要素であると私は考えています。

そして、私たちの行動原理である「嘘はつかない。約束は守る」ということを私たち自身が愚直に実行したことが、今回のスキームを成功に導いたのだ、と思っています。

●社長と専務の経歴

＊＊＊社長と専務のご経歴についてご紹介ください。

社長　萬年先生と初めて出会ったときは二九歳でした。現在四五歳ですから、もうすでに一五年も先生にお世話になっております。

私は、工業高校を卒業後専門学校で学びました。当時、父親が八代市内でディスカウントストアを経営していたので、そこに就職すると、父に「大阪で丁稚奉公をしてこい！」と言われました。大阪は総合卸問屋がたくさんあったので、そこで将来のために勉強してこい、ということだったのですね。

ある卸問屋で二年ほど修行していましたが、ちょうどそのころ父が遊技場（パチンコ店）を経営し始めたので、地元に帰ってこいと言われ、言われるがままに地元に戻り、お客様係といいますか、パチンコ店のフロア係を二～三年やりました。経営者の息子として就職したわけですが、お客様と身近に接することで、現場の何たるかを肌身で感じたころでした。

その後、店舗の中間管理職（係長）を三～四年経験し、当時五店舗（最盛期には一六店舗）あった店のひとつの店長になり、順に各店舗の店長をし、結局、現場の仕事は一〇年ほど経験しました。店長になって二年後、統括本部長をしていたころ、和議申立ての事件がありました。そのとき、当時の社長と長男の専務が責任をとって辞任し、次男である私が社長、弟が専務になりました。

専務　私は大分の高校に入り、甲子園を目指した野球少年として高校時代を過ごしました。名古屋の京楽産業というパチンコメーカーに一年ほど勤めて、その後、京都の松田産業というパチンコ店のホール係として一年ほど過ごしたあと、父が「いぐさ」（畳表の原材料）の仲買をしていたので、しばらく家業を手伝いました。その後父が遊技場（パチンコ店）を経営し始めたことから、父の店のフロア係として、台鍵を持って、店の開け閉めから店の掃除に至るまで、従業員たちと一緒に現場で働いていました。いくつかの店舗の現場を経験するうちに人吉の店の中間管理職を経験して、その他の店を回って数年経つうちに、兄と一緒に、A商事の和議事件に遭遇したわけです。

（注）熊本県八代市周辺は、日本有数のいぐさの産地として有名。社長と専務の父親はいぐさの仲買で成功して、ディスカウントストアや遊技場（パチンコ店）を経営することとなった。

●都市銀行の役割

＊＊＊今回の企業再生スキームでは、某都市銀行が重要な役割を果たしますが、銀行と萬年

先生の相性はどうだったのでしょうか。

萬年　当時福岡地方裁判所で、負債総額七〇〇億の土地分譲会社の破産事件を担当していました。その会社は、土地一七〇〇筆を持ち、九州一の不動産王の事件でした。その不動産王は熊本にパチンコ店をもっていたことから、同業者という関係で、A商事の関係者と知り合うことになりました。

某都市銀行の九州の支店とはよく喧嘩をしましたが、実は本店サイドは私たちの知らないところで、いろいろと根回しをしてくれていたことをあとから知りました。人の縁というものを感じます。某都市銀行の悪評はいろんなところで聞くのですが、私とこの銀行の相性はいいんですよ（笑）。当時、銀行側は、「経営陣は信用しないが先生は信用する」と口では言いながら、バックグラウンドではさまざまな協力をしてくれたことは間違いありません。現在でも、この銀行と交渉するときは、お互い言いたいことは言うのですが、必ず話はまとまるのですよ。

社長　おそらくそれは萬年先生の人柄ということじゃないんですか？　そして、銀行担当者の人を見る目があるかどうか、ということでしょうね。

萬年　結果的にはこの都市銀行との相性はいい、とは言っていますが、債権管理部長と私の口頭での約束で行った「一億円送金事件」のときだって、銀行との交渉は逐一彼ら経営者に報告をしています。私たちの信頼関係があるからこそ、融資先の銀行にもそのことが伝わったのではないかと思うのです。一億円なんていう大金がどこかにいってしまったら、私は返せないもの（笑）。

＊＊＊その一億円の送金のお話ですが、もし銀行側に梯子を外されたらという不安はなかったのですか。

萬年　緊急時の決断こそが人間の真価を問うものなのではないか、と思います。今回の東日本大震災での企業の被害やサプライチェーンの崩壊のときの経営者の判断でも同じだと思うのですが、日々緊急事態が起きるなかで、この物語の中でも、私は彼らに常に経営者としての決断を求め、経営者は合議でこれを解決し、私がそれを決済するという決断を、常にやってきました。私たちの人間力そのものが、いつも問われていたのだと思います。

そのことをこの銀行の債権管理部長はよく分かっていたのですから、梯子を外されるというような心配はほとんどしていませんでしたよ。

社長　あのころ、銀行の債権管理部長はよく八代にお見えになっていました。だからお互いの顔がよく見えた。それがお互いの信頼関係を強めたとも言えるのではないでしょうか。

萬年　社長にはまったく罪の意識がなかったのだけど、抵当権の付いた不動産を壊しちゃった事件がありました。あのときも銀行の債権管理部長が助けてくれました。

社長　そうなんですよ。まったく悪気はなかったんです。自分が自分の物を壊して何が悪いのか？　と（笑）。先生に教えられて初めて、何かとんでもないことを自分はしてしまったんだなあ、と思ったわけです。

萬年　あのときも、私は銀行と交渉したわけですが、法律的に言えば社長は建造物損壊という刑事犯罪者だし、銀行の抵当物件を壊したのだから、銀行から追加担保を請求されて何の不思議もないし、即座に全額を返せと言われてもおかしくない状況でした。けれど、担当部長は笑いながら許してくれました。

もちろんけじめはつけなければなりませんから、二〇〇万円で手を打ちました。銀行もその金額で認めてくれた、というわけです。

●依頼者と弁護士の信頼関係

＊＊＊社長と専務が萬年先生に事件を依頼したときの心境は、どのようなものだったのでしょうか。ある金融業者の社長からは「死んで生命保険をもらえ」とまで言われていた

わけですよね？

社長　先生にお会いしたとき、まず安心しましたね。それが一番最初の気持ちでした。

萬年　私は、彼ら二人から学んだことがあります。彼らも半年間、ずっと私の人間性を見ていたんですよ。私を信頼に足りる人間であると思うまでは、動きませんでしたね。信頼するとなってからは、お互いに言いたいことを言うようになれた。

社長　それは、和議申請をしてくれた弁護士への不信感が、弁護士というものへの不信感になっていた時期だったからなんです。だから、萬年先生を知った今思うと不思議な話なのですが、萬年先生のことを信用できるかどうか、じっくり眺めていたんです。

萬年　弁護士がうちの会社を乗っ取るんじゃないか、とまで彼らは思い詰めていたようなんですよね。

＊＊＊ヤクザに取り込まれる弁護士の話は聞きますが、会社を乗っ取る弁護士ですか？　にわかには信じられないお話ですが。

萬年　東京じゃあ、そういうことがあるんですよ。実際に。

社長　実際、私も顧問弁護士の先生に会社を乗っ取られたという話を聞いたことがあります。

萬年　この事件で私が学んだことは、依頼者は弁護士をそういう目で眺めているのか、ということです。そうであれば、お互いの信頼関係を高めるためにも、弁護士はプロデューサー役に徹して、経営には口を出さない、そもそも経営には興味も関心もないんだ、決済に徹するのだという姿勢をアピールするというか、理解してもらうというか。弁護士側がそういう姿勢であることを依頼者にわからせて、今回の企業再生における役割分担を徹底するということが必要だと考えたわけです。

企業再生でもっとも大切なことはお互いの信頼関係である、ということの根本はそこにあります。

さらにこんなエピソードもあるんですよ。たとえば、訴訟事件の依頼者に私が途中経過を文書にして報告をします。弁護士としてあたりまえの業務ですね。ところが、「萬年法律事務所」の封筒を手にした依頼者は、その瞬間、ドキっとするという話を聞いたことがあります。

＊＊＊封筒を手にしたとたんに先生の怖い顔を思いだすからですか？（笑）

萬年　示談交渉で元本をほぼ一〇〇％回収できることになり、依頼者にその報告をしました。「これでいいね？」という問いかけに対して、依頼者は「はい」、と言うから、後日、債務者からお金を回収して、依頼者にお金を取りにきてもらいます。ところが、依頼者は、

「電話の内容の半分はよくわからなかったが、事務所にいけばいいんだと思って来たんです」、という。お金をもらってほっとした、というわけですね。

ならば、どうして私の質問に「はい」と答えたんだね？　と聞くと、「先生があまりにも自信たっぷりに言うものだから、私も『はい』と言ってしまったんですよ」と（笑）。

依頼者の心理というものは、こういうものかと痛感しました。私は、小学生にもわかるように話を伝えたつもりだったのですが、ここで勉強になったのは、依頼者というものは、自分が選んだ弁護士であっても、弁護士からの電話や文書には、とても緊張するものなのだ、ということです。だから、私たちは依頼者がリラックスして話ができるように心を砕かなければならないと痛感したわけです。

まして、この事件の規模は個人の事件とは比較にならないわけです。この事件の負債は一七〇〇億円、店舗が一六という規模で、従業員が五〇〇人もいる会社の経営者は、弁護士をどういう目で見ているのか、どれだけ不安な気持ちでいるのかということをものすごく感じたわけです。

●従業員の雇用を第一に考えた社長のルーツ

＊＊＊本書には、当時二九歳だった社長が、自分たちはどうなってもいいから従業員の仕

事を確保してほしい、と萬年先生に懇願する一文があります（本書七頁）。その「想い」を生み出したルーツがどこにあるのか、私には非常に興味深かったのですが。

社長　ひとつにはこの業界の従業員たちには、一般のビジネス社会で求められる「学び」が足りないと思っていました。だから、彼らがこの業界以外で食べていくのは大変なんじゃないかと常々思っていたのです。従業員たちは、会社が倒産して社外に放り出されて、これまでのように食べていくことができるのかと、私は彼らのことが心配になったわけです。ですから、何が何でも会社を存続させて彼らの雇用を確保してあげたかったのです。

特に私は店舗でかなり長い時間を過ごしましたから、従業員たちがどのような資質をもち、どのような生活をしているのかを肌身で感じていました。

萬年　あなた（司会者）も、どうして二九歳の若者が、自分の身を捨ててまで従業員のことを考えることが理解できないのでしょう？　私もだった（笑）。

社長　私は、高校の三年生を二回やっているんです。

＊＊＊そんなに勉強が好きだったんですか（笑）。

社長　そうではなくて（笑）。高校時代にバイクが好きだったもので、事故を起こして一年間ほど病院で入院生活を送りました。その結果、卒業できずに留年してしまったんです。これまで一級下だったひとたちと机を並べて学校生活を送るということは非常に辛い経験でした。今思えば、苦しさ、人間の弱さ、生きるということの大変さ、人の痛みを思いやることなどを学んだことが、経営者になったときに従業員を思いやる気持ちに大きく影響しているのではないかと思います。

萬年　今の社長の話で、私が司法試験浪人をしているとき、「試験に合格しないので、もう試験をやめようかな」と父親に愚痴ったときの父親の話を思い出しました。私は、父親に「自分は六年間も中学を休学した。六歳も年下の人間と一緒に勉強する屈辱を考えてみろ。少しくらい試験の合格が遅れたって、初志貫徹しろ！」と叱られたんです。

だから私は、誤解を恐れずにいえば、人間の忍耐を育てるには刑務所に入るか大病をしろと言うんです。

社長　同感です。私は一年間だけでしたが、これまで後輩だった人たちと一緒に高校生活を送ることで、人間として成長できたんじゃないかと思います。ちょうど一七歳のころのことです。ほかにもやんちゃをして親に迷惑をかけましたしね（笑）。この事故のとき、友人をバイクの助手席に乗せていて、彼も事故で入院させてしまい、彼も留年させてしまったんです。だから、ほんとうに済まないことをしたなあ、と責任を感じました。

萬年　社長のお父さんから聞いた話ですが、高校時代に四回ほど校長室で土下座して、「息子を退学させないでくれ」と頼んだといいます（笑）。それほどのやんちゃ坊主がよくまあここまで成長したものだな、と私も思いますよ。

専務　自分の兄のことを言うので照れくさいですが、同じ経験をしてもほんとうのことを学べるかどうかというのは、そのひとが持って生まれた資質に関係していると思うんです。兄にはきちんと人を思いやることができる資質があったのだと。バイク事故・留年という事実から人を思いやるという人として大切な心をもつことができたのだ、と思うんです。

この一五年間、兄と一緒に仕事をしていて、ずっと感じることは、兄の資質です。この資質が、兄に、どんなときでも「スタッフのために」という一貫した考えを持たせているのだなあと思います。

萬年　企業の二代目がその企業を発展させていけるか左前にさせてしまうかは、二代目の力量にかかっているわけです。社長は現場で従業員たちと一緒に汗を流して、従業員たちの喜びや苦しさをほんとうに理解していたんですね。社長の息子として、単純に、「お前らはオレのオヤジが雇っているんだから、働くのは当たり前だ」と考えるのではなく、会社が倒産するかどうかというときに、なによりも従業員のことを考えられる経営者になっていたということは、何度指摘してもよいことです。

これは、あえて言えば「生まれ」とか「育ち」の問題、言い換えれば、「親がどうやって教育してきたか、どうやって育てられてきたか、どういう家庭教育を受けてきたか」ということに帰着するんです。おそらく社長と専務のご両親が、常に、「人を思いやれ」、「人を大切にしなさい」、「従業員は大切にしなさい」という教育をしてきた結果なのだろうと思います。

その手段として、お父さんは、社長も専務も平の従業員からパチンコ店のホールに放り出して、従業員と一緒にコップ酒を飲みながら話をするという経験を積ませた。その結果が、田舎のパチンコ店が倒産したときにパチンコ店の従業員が転職をするのは難しい、だから何をおいても従業員の雇用の確保をしなければならないという社長と専務の思いに通じたわけですね。

このことがたとえ直感であっても、二九歳の若者が理解をして実践しようとしたことが素晴らしいと思うんです。だから、初対面のときに、社長は経営者の器だなと感じたわけです。最近、あまりにもこういう人が少ない。

専務　社長が先生に従業員のことをお話したときのことは、よく覚えています。でも、社長は、よく考えてから発言したわけではないんですよ（笑）。直感というのか、自然に出た言葉というのか。やはり、従業員と一緒に汗を流しながら仕事をしたことが、こういう言葉を吐かせたのかな、と私は思います。

●経営者の資質

萬年　企業再生の仕事をしていて思うのは、社長が経営責任をとって退任して、その後、二代目三代目が成功するかしないか、バカ息子で終わるかどうかは、専務がさきほど指摘したとおり、その人の資質に左右されます。三代目が自分の店でゴト師を使うという事例もあるんですよ。いったい何を考えているのか。

＊＊＊自分が経営するパチンコ店でゴトをする？　どういうことですか？

専務　自分の欲望が強い人っているんですよ。会社は自分のものだ、と思い違いをしている人です。

パチンコ店もひとつの事業であり、企業という組織なのですから、企業としての会計があるわけです。個人の資産なのではありません。それなのに、パチンコ台に不正な部品を取り付けさせて、会社の資産を食い物にする、私腹をこやすことは経営者としては決して許されることではありませんよね。

萬年　そんな面倒なことをするくらいなら、会社の金庫からお金を持っていけばいいのにね（笑）。

社長　おそらくその人は金庫からもお金を持ち出しているのでしょう。さらに欲望が強いというか我欲に負けるというか、ゴト師を使うような人は現実に存在するんです。

萬年　パチンコ業界の名誉のために言っておきますが、このような会社を使って私腹をこやすという輩はパチンコ業界に限った話ではなく、中小企業のオーナーであれば、けっこういるんですよ。公私混同が激しい。許されないことです。いったん会社という法人格を作った以上、個人資産と会社の資産は徹底して区分されるべきなのに、そんな考え方は持てない。「オレの会社だ、何が悪い」と思ってしまうのですね。

この社長は二九歳の若さで、その当たり前のことをきちんと理解していた。これが今回のエッセイで私が皆さんに伝えたいテーマのひとつなんです。

社長　実は私は、店舗の責任者をしているときに、実際にゴト師を使う人を見たことがあるんです。従業員の上司がゴト師を使った、とても残念な思い出です。

また、会社が一七〇億円近い負債を背負った直接の原因は、韓国への投資の失敗なわけですが、実はそれだけではない。言いにくいことですが、積もり積もった公私混同が倒産の大きな原因だったわけですね。萬年先生が、父と兄を再生会社に入れてはならないとおっしゃったとき、「ああ、先生はそのことを理解しているのだな」と思いました。

萬年　公私混同はね、パチンコ業界に限ったことではないんですよ。中小企業のオーナーが陥りがちな罠のひとつだと言うべきなんです。企業ごと、経営者ごとに公私混同のタイプ、やり方は変わってきます。そのことだけは何度でも指摘しておきます。

社長　私はこの業界しか知りませんから、何度でも言いますが（笑）、経営者に限らず従業員でも、公私混同が横行する業界だと思っています。だから、悪い習慣は断ち切らないといけない、と私は思いました。

専務　上の人たちが悪いことをしていれば、部下たちはそれが当然だと思い込んでしまいます。悪循環です。数珠つなぎというか連鎖反応というか。

社長　そんな悪い習慣を目にした従業員たちが辞めて行く姿をみたとき、これはなんとかしなければと思ったわけです。おそらくその経験が、私の「従業員たちを守りたい」という言葉を言わせたんじゃないかと思うのです。

萬年　だから、この兄弟は九州のパチンコ業界では、一目も二目も置かれる存在になったのです。彼らは、業界全体の改善をも目標として活動しているのですから、九州のみならず全国からこの兄弟の会社を見学しにくるわけです。

いわば業界の風雲児のような兄弟の会社が潰れそうになった。一部の同業者は「これでライバルがいなくなる」と喜んでいたわけです。ところが、萬年がかかわったことで、兄弟の会社は息を吹き返した。この様子を見ていた同業者から私に、「ウチのパチンコ店も面倒をみてくれ」という話が持ち込まれるようになったんです。

天下の都市銀行が、言うんです。「パチンコ業界では、創業者は素晴らしいとしても、二代目は大したことはない。しかし、この兄弟は素晴らしい資質を持っている」と。「そう思うんだったら、きちんと融資をしたらどうか？」と、私は支店長に言ったんです(笑)。結局、貸してくれましたけれどもね。

歴代の支店長とよく話をしてみると、彼らはちゃんと兄弟のことをリサーチして、観察していたことがよくわかります。

社長　「B」から「S」への社名の変更に関係するのですが、萬年先生は融資を受けやすくするという財務の面から社名の変更を考えてくださいました。

私は、企業文化を変えるという点から、社名を変更したかったのです。ところが、社内風土はちっとも変わっていかなかった。私は、社員たちが変わってほしくて、社名を変更したんです。企業の再建という大きな出来事があったのだから、社員の心がけも変わらなければならないのに、悪い企業文化を変えていきたいのに、悪弊に染まった人たちも変わって欲しかったのに、あまり変わらないように感じたんです。

どん底から立ち上がった会社ということで、業界からも評価されました。その結果、当時の従業員たちは慢心してしまったようでした。それが残念でならなくて、なんとかして変わってほしいと思い、私は社名の変更に踏み切ったのです。いまでは徐々にその効果が出ていると思います。

●これからの展望

＊＊＊パチンコ業界に限った話ではないと思うのですが、中小企業における社員教育というのは大変だと思います。

社長　最近は、大学の新卒の人たちを採用する機会が増えています。昨年も一六名の新卒を採用しました。その意味で、かつてのようなパチンコ店の従業員の資質とは明らかに違ってきていることは確かです。

萬年　以前は、パチンコ店の従業員といえば住み込みと相場が決まっていたのですが、最近は従業員の寮を持たない企業も増えています。

専務　それだけ、きちんとした給与を支払っているわけです。できるだけ地元の方を採用するようにしています。

萬年　さらにこの兄弟の会社の特徴をいえば、女性客と高齢のお客を大事にするということですね。女性客を接偶するのに、いかつい男が鍵をじゃらじゃらさせていては、ダメでしょう？　お年寄りのお客は、パチンコで儲けようというより楽しもうとしてお店にやってくる。朝も早いし（笑）。そこに対応するような店舗展開や営業時刻を早めに変えていく試みを彼らはやっているわけです。

新規開店による陣取り合戦こそが至上命題だった時代から、一般企業と同様の企業哲学をもたないといけない時代になっているということを彼らはきちんと理解しています。

専務　店舗を作れば儲かるという装置産業的な考え方は、高度成長やバブルの時代の考え方です。いまは店を作っても安定した利益が生まれなければいけません。自分たちの営業努力・経営努力なくして安定した利益は生まれません。

社長　投資に見合った利益が回収できなければ、投資の意味はありません。まして、最近の景気の悪化を考えると、収益の視点は余計に重視されなければなりません。そのことは、別にパチンコ業界に限った話ではないと思います。
店舗展開も、「土地は自前・店も豪華に派手に」、という時代から、「定期借地権と適切な改装に耐えられる内装」というふうに変わってきています。小回りのできる店舗展開、機動性を重視しなければならないからです。

萬年　外食産業、スーパーなどの業種も同じでしょう。競争の激しい業界は、みんな同じです。経営効率を常に考えていかないと、経営者として時代の流れについていけないわけですね。

社長　昔は、パチンコ業界もバブルだったのですね。しかし、店舗を作れば儲かった時代は終わりました。今は、一般の企業並みにパチンコ業界も経営効率を考えなければなりません。

＊＊＊改めて指摘させていただきたいのは、倒産寸前という辛酸を舐めたお二人なのに、どうして現在のようなさわやかさを保っていられるのかということです。

萬年　自分では答えにくいでしょうから、私が答えましょう（笑）。まずは、彼ら二人の資質なのでしょうね。育ちという視点。従業員を可愛がることで会社を成り立たせるという経営上の視点を持っていること。その結果としての利益を経営者が享受するのだ、という固い決意をしていること。だから、優秀な人材が集まってくる、会社の景気もよくなる、という好循環が生まれているからなのでしょうね。それを金融業界も見ていることで融資も進むということです。

●第二会社構想と弁護士プロデューサー論

＊＊＊最後に、萬年先生が今回使った第二会社構想と弁護士プロデューサー論についてお話しください。

萬年　当時の企業再生の方法は、第二会社構想は標準的な方法でした。現在では、営業譲渡のほか、ファンドの助けを借りたり、サービサーに債務を売却する、会社分割とか多様な再建の方法がありますが。社長に第二会社構想に関する論文を読んでもらって、一緒に勉強をしたのもいい思い出です。

もっとも私は、「もう死ね」と言われているような融資先に交渉に行ったって、どうなるものではない、という思いもあったのですがね（笑）。

社長　萬年先生に代理人になっていただいたおかげで、これまで門前払いで話にもならなかった債権者が、話を聞いてくれたのですから。それだけだって大きな前進でしたよ。

だから、笑顔が出たんですよ。「もう死ねって言われない」と（笑）。

＊＊＊弁護士プロデューサー論、役割分担論のルーツをお聞かせください。

萬年　実は、学生時代にやった学生運動が、けっこうヒントになっています。人ひとりができることというのは限界があります。革命論、戦略戦術論、運動論などを現実に実行するには、組織でなければできないわけです。その組織には、参謀もいれば現場の活動家もいるし、中間層も必要です。その組織論と今回のプロデューサー論が、具体的にどうつながっているかは、また別な話ですがね（笑）。

端的に言って、私は法律家ではあっても経営者ではありません。まして、パチンコ業界の営業戦略など分かろうはずもない。それなのに、経営者の顔をしてこの兄弟と話をしても、バカにされるに決まっていますし、それでは法律家としての信頼も失ってしまうわけです。そこで、私は法律家としての立場から経営戦略に口を出し、現実の経営は彼ら兄弟に任せるという方法を決断したわけです。当たり前と言えば、あまりに当たり前の決断です。

痛感したのは、あるスーパーの再生をしたときの話ですが、たとえば、人参が一万本入荷したとしても、弁護士に販売企画を立てられますか？　販売のための企画書を作ることが求められているのは経営サイドなのであって、弁護士や銀行家には、人参一万本は売れません。当然のことながら、融資先との法律問題の処理と交渉は弁護士の業務です。

社長と専務からは、毎日のように電話はかかるし、週に一度は私の事務所で会議をする。二日に一度、全店からの売上げが振り込まれる。合計すると一億円だったり一〇億円だったりしたわけです。私の事務所の事務長と社長のところの経理担当者は頻繁に連絡を取り合っている。そのチームワークこそが、今回のスキームの成功の要因でしょうね。

●「信用第一」の意味

萬年　私は最近、信用第一のほんとうの意味が、やっとわかってきました。日々の仕事を真面目に、人の足元をすくわないような人生を歩まなければいけません。私は義理と人情というものを大切にしています。「義理」とは、相手方との信用・信頼を築くこと、「人情」とは、企業経営であれば従業員を大切にすることをさします。

この二人は、この二つの資質が備わっている。だから、三人の話はすぐにまとまります。お互いに共通した哲学を持っているからだと思います。

社長　まさしくそのとおりですね。会社の業績をあげるには、絶対にひとりじゃできません。自分より頭のいいひとが居てくれたら、どんなに楽に自分の仕事ができるのかわかりません。

萬年　要は、その人の資質の問題なんですよ。器の問題ですね。学生時代は、知識の多寡で成績は決まるのかもしれませんが、世の中に出れば、知恵と才覚がもっと大切であることがわかります。大銀行であれ、大企業であれ、人間としての器の大小が問題解決の基準になるわけです。「人間は四〇歳になったら自分の顔に責任を持て」、とリンカーンは言いました。私は決断をするときに相手の顔を見ます。人の顔にはその人の人生と情熱や知性が出るということを信じているからです。

銀行が債務者に融資を実行するかどうか決めるとき、何を見るかといえば、相手の顔を見るんですよ。この人間は、きちんとお金を返すのかどうかをかつての銀行マンは相手の顔をみて判断したものです。

『我、弁明せず』（江上剛著）に池田成彬さんの話が出てきます。融資をするかどうかを三〇分間、じっと相手の顔をみて判断する。情熱をもって経営に挑んでいるか、業界の将来を含めて、顔で判明してしまうことが多いのが世の中なんですね。もっとも騙されることもあるのですがね（笑）。

ある取引の決済のときに、こちら側の担当者が印鑑証明書を忘れた。取引には必要な書類のひとつです。しかし相手方である買主側の部長は、決済して構わないと言った。こちら側の人間を見て判断した。決済する権限をもつ人の器の問題です。

●胆力と決断力

＊＊＊そういう決断力をもった方というのは、世の中にそう多くいらっしゃるものなのですか。

萬年　意外といますよ。胆力のある人ですね。マニュアル人間、自分の頭で考えない人間は、もっとたくさんいますが。

人間の度量を最後に決定するのは胆力です。ここにいる社長と専務は、胆力を持っていた。自分で決める力のない人は、私にすがるだけなんです。

弁護士はあくまでも代理人にすぎないんです。弁護士に法律的なアドバイスはできても、最終的な決断をするのは本人なんですよ。その本人には胆力と決断力がなければならないということですね。

私の意見がおかしいと考えるのならば、徹底的に私と議論をすればいいんです。激論を戦わせればいいんです。それもしないで、「はいはい」と従っているふりをして、実行しない経営者もいます。資金繰りばかりに汲々として、数年間過ごしてきた経営者がいました。営業力をつけなさいと言っているのに、あっちから金策してきて、こっちに支払うということばかりしてきた会社がありました。結局、破産してしまいました。やはり、私にぶつかってこない経営者は、困ります。深く物を考える経営者が少ないわけです。間違って経営者になる人もいっぱいいいます。

三一億円の保証債務を一〇〇万円で解決したことがあります。「本来、この保証債務については、一銭も支払う必要はない。しかし、債権者であるあなたの顔を立てる。だから一〇〇万円は支払う。以上」（笑）。四五億円を一〇〇〇万円で解決した事例もあります。一五億を五〇〇〇万円で和解に漕ぎつけたたこともあります。

それらに共通することは、債権成立の実情をつぶさに検討することです。分析を終えると、場合によっては、「やはりこの債権の意味はおかしい。なぜ支払う必要があるのか？」ということに帰着するのです。だから交渉の余地がある。交渉というものは、事実関係や真相をきちんと深く読むことから始まるんです。基本的な作業なのですが、依頼者と弁護士が、その債権の成り立ちをきちんと検討する。その作業を経てこそ、また依頼者と弁護士が話し合う過程で、ふと債権者との交渉の知恵が生まれるのです。

社長　会議室で知恵が浮かぶことが多かったですね。

萬年　本件ではいろいろな相手といろいろな交渉をしてきましたが、私たちは一度として、「お前がこう言ったから交渉した。だから失敗した」というお互いを非難するような議論は、ありませんでしたね。

●「嘘はつかない。約束は守る」ということ

＊＊＊銀行との間の信頼関係の構築についてお話しください。

萬年　社長が「三億円を使わせてほしい」と涙を流しながら訴えたことがありましたが、私は「冗談ではない」と言って、一億円を使うことは許しましたが、それ以上、一銭も使うことは許しませんでした。銀行の担当者にこの話をしました。銀行員は、「萬年先生の判断が正しいのか、経営者の判断が正しいのか私には分かりません。けれど、そのような議論を弁護士と経営者がしているのであれば、この会社の経営者を信用します」と言ってくれたんです。

＊＊＊銀行員が債務者をそのようにして信頼する。信頼関係がそういう形で生まれてくると。

萬年　そうです。その銀行側の信頼が、また私たちに跳ね返ってくる。銀行に信頼されているのだから、経営者も私も滅多なことはできないというプレッシャーにもなるわけです。それが再建のスピードを加速させていく。好循環です。約束を守るべしということにな

ります。「嘘はつかない。約束は守る」、これは小学校の道徳の時間に教えられる言葉なんですけれどもねえ（笑）。いまの時代は、そのことが忘れられている時代なんですよ。これが社会で成功するポイントだと思います。

社長　先生のおっしゃることはよくわかります。いつの時代にも大切なことだと思います。それと、私は、よい人たちとの巡り合いの幸せも感じます。

萬年　朱に交われば赤くなる。そういうことなのでしょう。お互いに影響しあって、企業再生がうまくいったのだと思うのです。「嘘はつかない。約束は守る」というのは、とってもシンプルな話なんですが、案外、そのことをみなさん忘れている。

専務　むずかしくするのは、自分の心なのかもしれません。

社長　心の中の欲望がシンプルな行動を阻むのかもしれません。

萬年　そうなのでしょうね。けれど、「嘘はつかない。約束は守る」というシンプルな行動こそが、いまビジネスでも人間の生き方のうえでも求められていることだと思います。

＊＊＊今日は、皆さま、お忙しいところをお集まりいただき、ありがとうございました。興味深いお話を聞かせていただけました。

Part 3

熱血講演録
——企業再生の現場から——

講演録

企業再生の現場から

期日・二〇〇七（平成一九）年一一月二二日
於・帝国データバンク　福岡支店

1　はじめに

ただいまご紹介にあずかりました、弁護士の萬年です。

これから再建型任意整理のケーススタディとして、約一六〇億円の債務のあったパチンコ店を平成一九年五月に、一〇年がかりで再建に成功したという話をします。

私は『帝国ニュース』でその始末記を連載していて、二四回くらいにまとめています。これにはいろいろなドラマがありました。正直言いまして、こんなにうまくいくとは思わなかったし、今後また同じことをして成功するとは限らないと、私は思っています。

2　企業再生の手法

和議手続の問題性

企業再生の方法については、大きく分けて法的整理と任意整理という二つの整理方法があります。和議法が廃止されて民事再生法が制定されました。和議法というのは別名、詐欺法といわれるくらい、評判が悪かったわけです。

なぜ評判が悪かったのかというと、和議の場合には、和議認可されたものの半数以上は破産に移行しているんです。和議手続には、債務の弁済を履行する担保がありませんでした。いったん和議が認可されたら「債権がある」と言っても、それは仮のものにすぎません。現実に和議認可された場合には、債権者は非常に困っていました。和議条件は一〇年の分割払い。典型的な和議条件としましては、債権を五割カットして一〇年がかりで払う。債権者にとってみれば、いわば債権証書を一〇年間ロッカーにいれておかなければならない。そうすると銀行などの金融機関は、債権の回収というよりも早く損金処理したいものだから、債務者には早めに破産してもらったほうがよっぽどいい。こういう思いがありました。

ここでみなさんに質問します。東京地方裁判所と福岡地方裁判所とでは、和議の申立て率はどちらが多かったと思いますか？　企業の数から言ったら、圧倒的に東京のほうが多いわけです。ところが東京地裁のほうが少なかったんですよ。なぜかというと、やっぱり和議法の濫用ということを東京地裁が意識して、和議申立ての添付書類として、債権者の和議賛成の同意書を添付しろと言ってきました。しかし、「今から和議申請しますから賛成してください」と債権者に言っても、大口の債権者だけならいざしらず、債権者全員の同意を得るのは、事実上困難です。それで、東京の倒産処理、あるいは企業再建に熱意をもっている弁護士は、和議手続きを使わず、多くは任意的債務整理をやっていたんです。

民事再生法は救世主か

法律家にとってみれば、任意整理あるいは倒産処理というのは、いわば実力試験なんです。民事法、商法、倒産法、刑事法などのすべての知識を活用して、即断即決でやらなきゃいけない。やくざが介入してくる、整理屋が入ってくる、什器備品を持ち出される。そのたびにその対策を文献を調べている暇はない。その場で即断即決して、アウトローたちに対して、「お前、そんなことしていると刑務所にぶち込むぞ」などという脅しをかけて引き揚げを中止させなければなりません。だからこれはある程度場数を踏んでおかないといけない。つまり、弁護士の実力がそこで現れてしまいます。

私は、九州で初めてのプレパッケージ型民事再生というのをやりました。プレパッケージ式民事再生というのは、要するに営業譲渡をし、そして営業譲渡をした会社を民事再生して会社を清算する方式です。この民事再生の実質上の依頼主は、ある銀行でした。

その銀行の取引先で民事再生をやってうまくいったケースは、二件しかないといいます。そのうち一件が、私が担当したプレパッケージ式民事再生方式です。なぜ、民事再生がうまくいかないかというと、民事再生は、従来の経営陣が退任することなく継続して経営者たる地位に就いていられる制度ですから、最終的には経営者の器の問題に帰着するからなのです。要するに経営者に経営能力があるかどうか、経営に対する情熱を持っているかどうか、それとそのときの業界動向と当該企業に力があるかどうか、そこらあたりを弁護士がどう見極めるかがポイントなのです。さらに、弁護士自身が企業再生について、きちんと勉強していない。だから私は、弁護士たちは民事再生についてはしゃぎすぎじゃないかといっているのです。

たしかに、法曹関係者は第二の和議法にするまい、民事再生法は大事に育てていきたいというふうに思ってやってきたのですが、やはりこれもあまりうまくいっていないのではないかと思うわけです。会社更生法も改正されました。以前の会社更生法は、取締役・経営陣は全部経営責任をとって退陣しなければならなかった。そこに会社の内実を何も知らない人が役員として外部から入ってきても、会社経営はできないわけです。

私は、会社更生管財人代理というかたちで全国の一〇〇の銀行に対する折衝の担当者をやりました。このケースは、なんとか更生計画が認可されて今順調に経営されています。もう一件、小さな鉄工所のケースでは、私が会社更生管財人になりまして、その再建の手法は、従業員会社を第二会社として作り、そこに営業を譲渡させて第一会社を破産させるというものでした。今は従業員会社の経営も順調で、私はそこの顧問弁護士をやっています。

私は、企業再建に関わった以上は全部再建させるという意気込みで、企業の再建手続きに従事していますが、私と対立した依頼者は、たいがい倒産してしまいます。だから、任意整理というのは、結局、弁護士が全精力をかけて経営者・従業員と協力して難局に立ち向かうという情熱がないと、うまくいきません。

3　私の就任前の本件パチンコ店の現状

和議申立に対する裁判所の取下勧告

さて、今日のお話のメインテーマであるケースをご紹介しましょう。

私が本件の企業再建にかかわる前に、他の弁護士が和議手続きの申立てをしていました。この会社は、最盛期には一六店舗を擁するパチンコ店で、年商が六五〇億円。バブルの時代に過剰な設備投資をしていました。

ところでみなさん。パチンコ店が、自前で店舗を作るときどれくらいの費用がかかると思いますか？　一店舗あたり三〇億から五〇億円です。自前の資金でまかなうわけではなくて、金融機関からの借入金で店舗を展開していくわけですから、膨大な借入金を負担していました。それと、もうひとつは、専務の長男が、韓国でカジノを作らないかという詐欺被害に遭い、一五億円の手形を詐取されました。とうとう、経営がにっちもさっちもいかなくなって、どうしたらいいかということで、地元の弁護士に相談に行きました。

そこで弁護士のとった方法は、和議申請でした。和議条件というのは、通常は、およそ五割くらい債権をカットして、それを一〇年がかりで払います。ところが、この弁護士の和議条件というのは、債務全額を一〇年ないし二〇年かけて払うというものでした。これは、和議条件ではありません。だから、裁判所も、倒産の可能性を考えていたのでしょう。手形の不渡りを防止しようという和議前の保全処分をするだけで、和議申請から一年かかかっていました。

担当裁判官は、当時二九歳の二代目社長を呼んで、和議を取り下げしなさいと言ったのです。若い社長は裁判官に尋ねました。「どうしてですか？」

裁判官は、「今は、金融機関は抵当権を実行していない。金融機関は一年間様子を見ていた。これからは次々に抵当権を実行してくる。そうしたら、パチンコ店の営業ができなくなるだろう。営業ができないのに、債権者に対する配当金はどこから持ってくる？　これはもう破産に決まってるじゃないか！」と答えたといいます。

従業員のために受任してください！

若い社長は、裁判所に太刀打ちする方法はないのだろうか、倒産するほかに解決方法はないのか、と不安になって私のところにやってきました。

担当裁判官は、たまたま私の懇意にしている方でした。裁判官の感触を探ったところ、任意整理をやったらどうかと言われたので、記録の精査をして、和議申請を取下げるのに三カ月後にするように交渉しました。裁判官は、「いや一カ月しか待てん。そんなに債権者は黙っていないよ」というので、「では、間を取って二カ月後に取り下げしましょう」と、裁判所と話をつけました。私はこの相談を受けたとき、裁判所や地元の弁護士から情報を集めたところ、皆、「事件の筋が悪い。受任するな」と言っていたこともあり、私も断るつもりでした。ところが、当の社長が私のところに来て、こう言いました。「先生。オーナーのためではなくて、従業員のために（事件を）受けてくれませんか。田舎のパチンコ店の従業員は、会社がつぶれたら再就職できません。だから、経営者としては従業員のことを考えたらつぶすわけにはいかないんです」

「君はいくつだ」と聞いたら「二九歳」と言う。二九歳でその台詞《せりふ》を吐けるというのは、そんなにいない。

こう思って、私は彼をしみじみと見て、「じゃあ、あなたがそういうなら受けようか。しかし、私はパチンコ経営については何も知らないよ。だから、再建するにはどうしたらいいんだろうか。裁判所も和議は棄却するだろう。そうすると通常の再建型任意整理ということになるが、ポピュラーな方法として『第二会社構想』いうのがある。だけど、パチンコ店で第二会社構想をどう応用していいのかは、私もよくわからん。私は、今から弁護士会の用事で二週間中国に行ってくる。第二会社構想の論文をコピーするから、君も勉強しとけ。私も中国でこの論文を読んで構想を練ってくる」

こう言い残して帰国したところ、社長は、「先生。これはやっぱり、第二会社構想しかないですよ」と言うんです。そう言われたところで、パチンコ店にどんなふうに第二会社構想を使えばいいのか、私には分からない。分からないが、手探りの状況でやるしかない。そして私たちの共同作業が始まったのです。

4 第二会社構想

第二会社構想とは、債務がある会社（第一会社（旧会社））はそのままにしておいて、別の法人である第二会社を作り、そこに第一会社の売掛金をはじめとする資産価値のある財産を営業譲渡する。営業は譲渡するが、債務は引き継がせない。そして、什器備品も従業員も基本的に第二会社に移して、そこでこれまでと同様の経営をする。このような仕組みです。

債権者にはある程度支払いを行って全体の債務を圧縮し、第二会社との間で債権契約をやり直す。他方で、債権者との間で協定をして、抵当権を実行をさせないようにする。このようにして第一会社を清算する。第一会社の清算の仕方も破産にするという選択肢もありますが、第一会社の倒産を裁判所に「偽装倒産」と認定されたら怖いので、通常は休眠会社にします。今は八年くらいかかるようですが、昔だったら五年間休眠会社にすれば法務局が法人登記を職権抹消をして清算する……。これが仕上げになります。

もっとも、私にとっては手探りの状況でした。債権者が数多くいますから、まず小口債権者を切り離す必要があります。だいたい小口債権者というのがうるさいんです。だから基本的には会社更生や民事再生の手続きでも、小口債権者には債務を支払っていって債務を消滅させてしまいます。唯一の例外は、私が会社更生をやったときの鉄工所のケースです。これは、大口債権者に対抗するために、小口債権者をそのまま温存しておいて、小口債権者を通じて大口債権者に文句を言わせるという戦法をとったためなのです。

しかし、原則としては小口債権者に支払をします。具体的に、どういう手法をとったかというと、買掛債務、これは個人商店とか中小企業が債権者に多いので、ここには債権額の五〇%をカットして一括で払う。小口債権者はほぼ全員賛成して、それで終わりました。

リース債権でも、何億円という債権者と一〇〇〇万円以下の債権者がいます。リース債権者は企業ですし、だいたい大手ですから、私の基本的なスタイルとして、「個人・中小企業のほうはあまり泣かせないで、大企業や銀行には泣いてもらう」という方針をとりました。

リース会社に対しては、小口のリース会社は債権額の七〇％をカットして、残債務の三〇％を一括払いする。これで、だいたい納得してもらいました。リース物件の所有権は放棄してもらって、わが社の所有にしました。

残る一〇〇〇万円以上の大口の金融機関・ノンバンク・リース会社を債権者としてしぼって、それと個別交渉するということになります。

5　最大優良店舗確保のための交渉

ノンバンクの社長との攻防

バブル最盛期に七〇億円くらいかけて作った店舗がありました。パチンコ台は七〇〇台くらいですけれども、一階がパチンコ店舗で二階から七階が立体駐車場という建物です。この建物を建設するために、和議申請の五年ほど前に、あるノンバンクから三〇億円借りていました。そして、五年もしないうちに和議申立てでしょう？　ノンバンクの社長は烈火のごとく怒ったのも当然です。

パチンコ店の経営陣が、その社長のところに交渉に行くと、彼らの顔を見るたびに「お前ら死ね。死ね！」と言ったといいます。「死んで、早く生命保険金で返せ」ということですね。その話を聞いた私は、ノンバンクの社長がそこまで感情的になっているのだったら、この社長との交渉はだめだなというふうに、あきらめていたんです。そうしたら、若社長が「やっぱりこの店舗を残さないとグループとしてうまくいきません」と、言うのです。それでは、ということで、私は経営陣と一緒に、おそるおそる、ノンバンクの東京本社に行きました。ノンバンクの社長は怒り狂ってますから、不動産競売の申立てをしています。

そこで私はこう言いました。「第二会社を作っています。おたくで自己競落して、第二会社に賃貸しませんか？　そうしたら賃料が入りますよ」

ノンバンクの社長は、当然、「何と虫のいいことを言うか」と答えます。「やっぱりどういう条件を出してもだめですかな？」と言って、私たちは退出したのですが、廊下に出たところ、社長達がにこにこしているんですよ。私は、何を考えているんだと思って、「あんなに厳しい場面だったのに何でにこにこか？」と半分怒って尋ねたところ、社長たちの答えは「今日は死ねって言われませんでしたから」でした。私は素直に感動しました。そんなことひとつとっても、当事者は神経質になっているんですね。

その後、二週間くらいしてまた、ノンバンクの社長のところに行きました。今度は向こうのほうから、「萬年君。君は第二会社を作っているって言ったな。第二会社でこの店舗を買わんか?」と言ってきたんです。

実はこれが私の戦術だったわけです。どういうことかというと、「第一会社に対する債務の残額が約二五億円前後あった。だから第一会社から第二会社に債務金額を売買金額として、営業譲渡する。ノンバンクは第二会社にその譲渡売買代金を融資する。譲渡代金は第一会社にいって、またノンバンクに返す」ということです。

結局は、伝票操作で済みます。現金は一円も動きません。これが私の本当の狙いだったところに、ノンバンクが、乗ってくれたわけです。

ノンバンク「それでどうかね?」

萬年「それはいいですね。ところで、金がない」

ノンバンク「たしかに金はないだろうな。うちが融資するよ」

萬年「融資条件は?」

ノンバンク「金利は長プラ」

私は、この任意整理で初めて知りましたが、長期プライムレートにもレベルがあるんですね。都銀と地銀とノンバンクでは、長プラのパーセントが違うことを初めて知りました。

萬年「長プラで結構です」

「期間は？」とのノンバンク側の問い掛けに対し、「これは三〇年ですな」と私。予想どおりにノンバンクは、「三〇年なんか待てるか」と言ってきたので、結局、期間は二〇年になりました。

金利変更に関する交渉

このノンバンクとのエピソードには、後日談があります。その後のパチンコ店の経営は、なんとかうまくいってましたから、契約書にしたがって、ずっと約定金額を支払っていました。ところが、普通の銀行取引約定書や銀行との取引には、金利変更の条項があります。金融情勢が変わると銀行側の一方的な意思表示によって、金利を上げることができるのです。ところが、私は、今回の契約書にはその条項を意識的に省いていました。逆に、「金利を変更するときには、債務者の承諾がないと金利をあげられない」と書いておきました。

だから、三年くらいしたところ、案の定、ノンバンクの社長が、「いや～萬年君。（経営は）順調にいっているようだね。ここらで金利を上げてくれんだろうか。長プラにちょっと色をつけてくれんないかなあ」と言ってきました。私は、「社長、それは契約書のどの条項に基づいて言ってますか?」と答えました。「やられた!」と思った社長は怒りをみせながらも「なんや……?」と言うのが精一杯でした。私はさらに、「(社長が)訴訟をしたら私は勝つよ。そんなことはしたらいかんじゃないの?」と次の矢を放ちました。

このノンバンクは大阪が本社でしたから、大阪で話をしようということになりました。今度はノンバンクの専務が東京からおいでになって、私が、「裁判したら私が勝つ」と言っていることに業をにやして、「萬年君。そういう問題じゃないんだよ! 俺達が助けたから第二会社に営業を移管できて経営は順調になったんだろ? その恩義を忘れたのかい?」と、今度は恩義論争になりました。

私は、「いや〜、恩義は感じていますよ。私らは九州男児ですから、義理と人情の世界に生きています。恩義は感じていますけれど、まだ恩義を返す時期じゃない。あと数年待ってください」と、私は申し上げました。

専務は、「いや、そう言わずに、長プラに〇・二五くらい上乗せしてくれないだろうか?」と交渉してきました。私は即座に、同行していた経理部長に対して、「〇・二五で、支払いは年間いくら増えるか?」と聞いたところ、「四〇〇万くらいです」と答えます。

私は「四〇〇万ならよかろう」と思い、ノンバンクの専務に、「ちょっと廊下貸してください」

と言って、私の依頼者である若社長・営業本部長と経理部長が廊下に出て、「これは、あの専務が決断してくれて、恩義の論争になっているんだから、ここは専務の顔を立てる必要があると思う。年間四〇〇万くらいならなんとかカバーできるだろう。これを飲め！」と私は社長たちを説得しました。ところが営業本部長は、「じゃあ、半年後とか一年後はいかがでしょう？」と言います。私は、「こういう場合は潔く、来月からいいって言うのが男や！」と答えたりしながら、五分間くらい、ノンバンクの廊下で密談をして決定しました。

ノンバンクの専務の待つ会議室に戻って「専務。いいですよ。（あなたの条件を）飲みますよ。支払いの開始はいつからですか？」と言ったところ、専務は「こちらも現場の用意があるからね」と言って、支払開始を、来月からではなくて三ヶ月くらい伸ばしてくれました。

また三年ほど経過して、今度は担当者が、「また金利をあげてくれませんか？」と言ってきました。「三年前のあの専務は、確かリタイヤされたよね。あの専務は恩人だもんね。でも、あなたには恩義感じとらんもんね。会社には感じとるけど。だからだめだよ」と答えて、そのままずっと金利はあげていません。支払いを始めてから、もう一〇年経過しましたから、金利と合わせてだいぶ支払いました。だから結論としては、ノンバンクも助かったことになります。ノンバンクのその専務さんは、サラリーマン生活をリタイヤされるときに、わざわざ大阪から福岡の私の事務所に挨拶に来られました。こんなエピソードがありました。

6　役割分担論

弁護士に経営の能力はない

次に、日々、どういうかたちで会社の経営陣と私が協議していたのかについて話しましょう。私の持論は、「銀行員と弁護士に経営の能力はない」というところにあります。なぜかといいますと、私は製靴メーカーの再建のときに、こういうことを経験しました。

弁護士である会社更生管財人が、「こういう靴を作れ」と言って工場長に指示をしました。工場長は、管財人が社長ですから、社長の命令には従わないといかんと思って、社長の指示どおり作った。そこにたまたま営業部長がやって来て、

「なんでこんなの作ってるんだ？」

「管財人の命令ですよ」

「管財人は（靴の製造の）素人なのに、なんでこんな靴を作る指示をしたの？」

「管財人のお話を聞くと、孫がこういう靴を履きたいといっているから、それで作れと」

営業の専門家である営業部長たちは烈火のごとく怒りまして、今度はその管財人を完全に無視するようになってしまった。管財人は、いたたまれなくなって、管財人を辞めた。そんな事件がありました。

当の管財人は、会社再建に強い弁護士と自称しておられたし、客観的にもそうだと思います。けれど私は、「下手に素人が経営に対して口出しをするべきじゃない」と、痛感しました。私も銀行の顧問をしている関係から、銀行員とよくお会いしますが、銀行員も他人の批判・評論はできます。ところが「お前、俺に代わって経営やってみろ」と言われても、手も足も出ないというのが現実です。逆に、弁護士も銀行員も、そのことを分からなければならないと思います。私は、Kというスーパーの再建にかかわったことで、そのことを学びました。

たとえば、今日、人参がポーンと一万本入荷された。この一万本をどうやって売るか？　銀行員と弁護士にその知恵があるか？　ありません。野菜部門の担当者に一万本の人参を売るという企画を出してもらい、実際に実行させるしかありません。だから私は、「弁護士は、あんまりでしゃばった行動をするんじゃない」という考えなんです。ましてやパチンコ店にあっては、「どの機械をいついれたらいいのか、出玉率はどのくらいにしていいか」など、弁護士には理解できるはずはないのです。

役割分担の実際

だから私は、「パチンコ店の経営のことに関しては、すべて経営陣にまかせる。弁護士はダーティーワーク・債権者との喧嘩商売に明け暮れる」ことにしました。もちろん、経理と税金関係の処理については、公認会計士を入れます。パチンコ店にも従来から顧問税理士はいましたが、経営陣は、それまでの税理士を信用していませんでした。それで私は社長と相談のうえで、私が提携している公認会計士の先生に頼んで、毎月の収支チェックと税金対策・経理処理、さらに私の債権者交渉における財務、税金処理における知恵袋となってもらいました。会社の経理担当者には資金繰り表も書かせて、議論もしますが、最も強調したのは、「君は、石橋をたたいてでも渡るんじゃない」、「経理判断は慎重のうえにも慎重に考えろ」ということです。

さらに、社長の弟である営業本部長には、「君は、いけいけどんどんと強気の営業でいけ！」。そういう姿勢で営業方針を立てろと言いました。社長は、「二人の意見を聞いて社長として経営判断しろ」と強くアドバイスをしました。社長が経営判断したあとに、さらに私が法的観点・財務的観点を含めた総合的な吟味をするというふうにやりました。

取締役会議とか経営戦略会議は、全て私の事務所でやりました。彼ら経営陣は、月に三回から四回は私の事務所に来ていたことになります。「私と社長は意見が一致しない限り前に進まない。経営戦略も債権者交渉も、意見が一致しない限り前に進まない」。このように約束し、一貫して実践しました。

私と社長の対立

ところが、二回だけ、私は社長の方針に対して反対しました。一回目は年末の出来事で、先方が「（パチンコの）店舗を買ってくれんか」と言ってきたので、社長は若いから焦ったのでしょう。一〇〇〇万円の手付けを打ってしまいました。私は「買うな！」と言ったのですが、報告を受けたのは後の祭りで、一〇〇〇万円支払った後でした。結局は手付け流しで損をしましたが、その時に「分かったかい？　君と私との約束を守らなかったから、こういうことになった。高い授業料についたね」ということで終わりましたが、その結果、「新店舗を展開するときでも、必ず私の意見を聞くように」という意識が強くなりました。

もう一つ私が社長の方針に反対したのは、パチンコ店のリニューアル資金のケースです。ライバル店ができると、パチンコ店はリニューアルしなくてはならない。パチンコ店のリニューアル代金は桁が違います。何千万単位、場合によっては億単位の資金が必要になります。私は当時、三億円の預かり金をもっていたのですが、社長は、「リニューアルするのに三億円全部使わせてほしい。そうしないと、うちの店は潰れるし、グループは倒産する」と言ってきました。私はその頃、金融機関への支払いは定期的に支払っていましたから、支払い資金を確保するために、私は売上金を管理していました。私は社長に、「三億全部を使うバカがどこにおるか！　経営者として何を考えているのか！　絶対許さん！　一億しか認めん！」と、こう答えました。社長は泣きながら私に、「先生。三億全部使わせてくれんやろうか」と頼んだのですが、私は、「許さん！」と言って押し通しました。

結局、社長は一億五千万円くらいでリニューアルしたようでした。差額の五〇〇〇万円は、私に送るべき送金額を減らして自分で用意したことが、あとでわかりました。悪いことに、リニューアルした一カ月後くらいに台風がきて、パチンコ店の屋根が吹き飛びました。

火災保険金に関する攻防戦

今度は、この店舗が入っている火災保険について、金融機関との間で攻防戦が始まりました。第一質権者は金融機関で、長期的回収を考えていますから、「この火災保険金は全額取ってもよい。取って早く修理して、日銭を稼げ。そして早くうちに返して」と、物わかりのよいことを言う。ところが、二番質権者は、「いや、それは全部うちが貰う」と、言い張ります。それで、私と第一質権者が知恵を絞りまして、最悪の場合は第一質権者が新規融資まで出そうかとまで腹をくくってくれました。

私は第一質権者にこうアドバイスしました。「第二質権者にこう言わんですか。『お前二番質権者のくせに、何をガタガタ言いよるか。そんなこと言うならうちが全部取るぞ。そしたら、お前んとこは何も取り分ないやないか』と、このように第一質権者が第二質権者に一喝したところ、火災保険金が全額、私たちに入りました。そこまで恩義を受けた第一質権者なのですが、第一質権者とはその後、熾烈な戦いをしていくことになります。そのときは、知る由もありませんでした。

依頼者のパチンコ店には、先代の社長（現社長の父親）のときの大番頭が残っておられました。私は、大番頭にこう言いました。「社長の足を引っぱれ」と。普通は逆です。「大番頭は社長の足を引っぱるんじゃない」というのが普通のアドバイスです。私はあえて大番頭には「社長の足を引っぱれ」と言った。その理由は、「社長は若いから暴走する。殿、ご自重、ご自重。と言って足をひっぱるのが大番頭の役目だ」と考えたからです。「先代の社長の時代のあなたは社長の命令には絶対服従で、『ハイハイ！』というしかなかったろう。今度の社長はあなたよりも年下なんだし、経験がないのだから、『殿、ご自重を』と言えば、あなただって自分のプライドを示せるやろう。それと、若社長はね、今借家に住んでるから、豪邸を大番頭として造ってやれ！」。こういうふうに私は大番頭を扇動していました。大番頭は私の言葉を理解してくれたのでしょう。顔をニコニコさせて、「先生！　がんばります。（社長の）足を全力で引っぱります」と言って、本当に忠実にやってくれました。

7　大口債権者への定期払い

リース会社との交渉

大口債権者の問題が残っています。私は大口債権者を金融機関とノンバンク、それと、リース会社の二つに分けて、金融機関とノンバンクについては、毎月二五〇〇万円を債権の按分比例で定期的に払うことにしました。金融機関はその申し出を即座に飲んでくれました。リスケ（支払いの繰り延べ）に同意してくれたわけです。

これに対して、債権総額が一〇〇〇万円以上のリース会社への支払いは、私は最初、各一〇〇〇万円と宣言しました。すぐにリース会社全部から連判状が届きました。「この一〇〇〇万の根拠を言ってみろ！」「根拠など、ない。資金繰り上、月一〇〇〇万しか払えない」「金融機関は二五〇〇万円じゃないか？　せめて金融機関と同額にしてくれないと困る」

こんなやりとりがありました。私は、彼らリース会社に対して、「そもそも金融機関とリース会社とは、債権額が全然違うやないか！　それなのに、支払金額を同額にするわけにはいかんだろう？」とは言ったものの、これは一回ガス抜きの儀式をしないといけないなと思い始めました。

一二月の二四日、クリスマスイブの日に、すべてのリース会社を集めて、開口一番、「この連判状の首謀者は誰だ！　名乗れ！」と一発かましました。すべての担当者は、みな下を向いて何も言わない。さらに、「大体、お前ら子供みたいに、連判状を作らなきゃ俺にものも言えんのか！」と怒鳴ったところ、私には大嫌いなリース会社があるのですが、そこの三〇歳代の若い社員が、「先生。うちの本社の顧問弁護士は優秀ですから、年末年始にかけて、会社をあげてリース物件を全部引きあげます」と言い放ちました。私は、「そうかい。やるならやってみろ。その代わりな、引き上げる時にリース物件以外のものに一つでも傷つけんでそのまま引き上げろ。こっちには営業権があるから、それが原因で倒産でもしてみろ。すさまじい損害賠償金額になるんじゃないのか？　お詫びもしなければならないだろう？　それでもよければ、やるならやってみろ！」と怒鳴ったところ、当の社員は一瞬で黙ってしまいました。

某都市銀行系列のリース会社には銀行のほうからだいぶ根回しがあったことを銀行本店の人から教えられました。「萬年君とは真正面からぶつかって交渉すれば解決するんじゃないか」というふうに、管理部長と本店のほうから根回しがいっていたようでした。そこで当のリース会社の福岡支店の担当者が、「先生。一五〇〇万くらいにしてくれんですか。それで何とか手をうってくれんですか」と言ってきました。そこで私は、「わかった。じゃあ（支払金額をあと）五〇〇万上げよう」と答えて、リース会社は債権の按分比例の定期払いを承諾しました。

さきほどの若いリース会社の社員が言ったリース物件の引き上げですが、リース契約の場合においては、原則としてリース物件の所有権はリース会社にありますから、債務者が債務を履行しない場合に、債権者であるリース会社は、リース物件を引き上げることができます。

今のパチンコ店のリース物件は、機械だけではありません。事務用の机、椅子から店にあるありとあらゆる什器備品はリースになっています。そういう状況ですから、債務者側としては、リース物件を引き上げるなというしかないのです。リース会社が物件を引き上げたところで廃棄するしかない。だから、そこは攻防戦です。「引き上げるなら、引き上げてみんか！　捨て賃がいくらかかるか、わかっとるのか？　こんな物件、誰も使い手はないやろ？　山中にも捨てられんぞ！　だからそんな馬鹿なことで脅すんじゃないよ」。大部分のリース会社にはこう言って説得しました。それで、なんとかリース会社を納得させました。

債権者会議というのは、私に言わせれば、本当にガス抜きの儀式でしかありません。債権者会議ではみんな裃《かみしも》を着なければいけないんです。銀行は銀行の立場として、やっぱり最大限回収をする建前論を言わなければいけない。それは債権者みんなそうです。だから一対一で、腹を割って話すほうがうまくいくわけです。

だから私は基本的に個別交渉を原則とします。そして、債権者の本音を聞いて、「うちの本音はこうだ、どこで妥協するか」と、地道な交渉をやっていかないと問題は解決しません。最終的な結論である定期払いの約束というのも、横着してしまうと抵当権実行とかリース物件の引き上げということになりますから、債務者側には誠意がある、支払う意思があるということを示すために定期払いを確実に行う、ということです。

私は今、あるタクシー会社の再建をやっています。この経営者は、ある年の三月までは、きちんと元利金を払ってる。この経営者は旧家の出身で真面目ですから、「先生、四月からは払いきりません。リスケの交渉してくれんですか」と言って、私の事務所に来られました。「あなたのいうリスケとは具体的には何ですか？　そこからですよ、始まるのは」という私の問い掛けに対して、経営者は、「金利だけは払います。だからその交渉をしてくれませんか？」と言うので、「あなたね、銀行にリスケの交渉をしてくれって弁護士が言ったって、誰が『うん』て言う？　こういう再建計画するから、当分の間金利だけで我慢してくれんやろうか。こういう絵を示さなきゃだめだよ」と答えて、例によってまた公認会計士と組んで、どうしようかということになるわけです。

サービサーを利用する

提携先の公認会計士は、「萬年さん、これは破産した方が早いよ」という判断をしましたが、経営者は旧家の出身の人でプライドが高く、「破産だけは絶対しない」と言い張ります。仕方なくずっと金利を支払いつつ、遊休不動産は売って、「残った債権はサービサーに売れ」と銀行と話をしたところ、銀行は債権をサービサーに売って一億八〇〇〇万円の債務が残りました。その後、サービサーが支払請求訴訟をしてきたので、結局は一億八〇〇〇万円の債務を一二〇万円で和解しました。その一二〇万円も毎月一〇万円の一年払いで解決しました。

だからサービサーのしくみができてからは、基本的に再建の手法としては、金融機関に対して、「早くサービサーに売れ」と言うことになります。金融機関に真正面から「減額してくれ」と言っても、負けてくれるわけがありません。金融庁の監督がありますから、銀行は負けるわけにはいかない。私はサービサーができた当初からサービサーの実態を知っています。大型の破産管財人をやったときに、昔の銀行員というのは律儀でした。サービサーに売るときも必ず仁義を切ってくる。「すいませんがサービサーに売らせていただきます」と。それで私は銀行員に、「勉強のために教えてくれんやろうか。いくらくらいで売った？」と尋ねると、銀行員は、「先生、聞いてくださいよ。一〇億円の債権が、たったの一〇〇〇円とか一万円ですよ」と答えます。都市銀行に不良債権が多いときは、そんな金額です。一〇〇億円の債権といっても、無担保だったら、何百万、あるいは何千万円。そんなもんです。みなさん「一円売買」という言葉を聞いたことがありますか？「銀行がサービサーに債権を一円で売る」ことです。要するにサービサーというのは、銀行と債務者を助ける救済機関なんです。

銀行は、サービサーに債権を売却すれば無税損金処理できる。債務者は銀行に減額交渉をしても無駄なんだけれども、サービサーに対しては、減額交渉をすることは十分できます。

私は以前に、サービサーとの間で一億二〇〇〇万円の債権を七二〇万円で解決したことがあります。昔は不良債権がいっぱいありましたから、本当に安い相対取引を銀行とサービサーはやっていたのですね。

ところが今は、メガバンクは不良債権処理が終わりましたから、今は地銀レベルの不良債権処理が問題になります。金融機関全体で不良債権の玉がなくなってきた。そうすると、サービサーが不良債権を高く買います。私は、銀行の箸のあげおろしまで全部チェックする金融庁が諸悪の根源だと思っています。銀行がサービサーに、仮に一〇億円の債権を一〇〇〇万円で売ったとします。金融庁が銀行に対して、「一〇〇〇万円が妥当な金額か立証しろ」と言うわけです。そうすると、金融機関は、今度はどうするかというと、サービサーを何社か使って相見積もりをします。「一番高かったからこの金額が妥当じゃないですか?」ということで、銀行は非常に助かる。

五、六年前の話ですが、企業再建の手法として、「銀行に、このサービサーにいくらで売ってくれ。このサービサーから当社が買い戻す」という形で、銀行やサービサーと交渉をして再建をするという手法がありました。ところが今は銀行がサービサーに対してコンペをしているから、そういう手法は取れません。それと、以前は数十社だったサービサーが今は一〇

○社くらいになりましたから、サービサーの間でも競争が激しい。おまけに、消費者金融などが出資しているところは、だいたい柄が悪い。サラ金の延長上でやっているんですね。

そこで、私は、無担保の債権は、サービサーによっては支払いをストップして、定期払いはしません。定期払いをしていたら、サービサーにとってはどういう値づけをするかということなんです。「毎月一〇〇万円、ある銀行に返済している。それを二年分で計算する。二年分で二四〇〇万円です。二四〇〇万円で利回り計算して、売買金額の原価を算出する。そういうことになるから、無担保債権となったらパッと支払いをストップする。そこでそういう高買いをさせないようにして、安く買いたたく。ビジネスだからちょっと色をつけて一括払いでこれでどうだ？」

こういうふうにして話をつけるというのが私のやり方です。最近は特に、サービサーの担当者のレベルも落ちてきて、今年になってサービサーの訴訟が二件ありましたが、以前は、サービサーは訴訟なんてしませんでした。きちっと話し合いでやっていました。それから私はもし、大口債権者が抵当権を実行してきたら、定期払いは即ストップという約束をしていました。

8　都市銀行との交渉

一〇％のバック

ところが、唯一の例外が某都市銀行でした。私には、以前、この銀行に貸しがあったので、この銀行は私に頭が上がりませんでした。なぜかというと、私はある住宅販売会社の破産会社の管財人をやっていて、裁判所から、「不動産の任意売却では、大型倒産事件では担保権者から一〇％バックしてもらえ」という指示を受けました。

それで私は担保権者の金融機関と半年間、熾烈な争いをしました。金融機関からは、「不動産屋取引の仲介手数料と同じ三％の手数料ならわかるが、一〇％の根拠を言え」と言われます。当然です。そこで私は、「根拠は俺だ！」と、こういうわがままを銀行に言いながら、裁判所に、「裁判所は、一〇％っていうのはどこからもってきました？」と聞きました。裁判官は、「萬年君、競売と任意売却の差って分かるか？　競売と任意売却の差を数字で表す。任意売却は競売より早く回収できるし高く売れる。そうすると、競売と任意売買は二割くらい差が出るんだよ。だから、担保権者と管財人でその二割を折半して一〇％をバックする」と、こういう理屈を教えてくれました。そのことは、法律書には何も書いてありませんでしたが、実務とはそういうものだと納得しなければなりません。

一〇%の会計処理

次の問題は、会計処理でした。「じゃあ先生。一〇%条項を仮にOKした場合に、私どもが一〇%を払った分の債権の会計処理はどうなりますか？　会計上の問題です」。私も裁判所も「そりゃ、贈与でいいだろう」と答えたところ、銀行担当者には、「冗談じゃありません。それでは銀行は認定贈与の処分を受けてしまいます」と言われてしまいました。

「それは金融機関が言うのも筋が通っとるなあ」と私は思いました。それで、裁判所に「金融機関の言い分はもっともと思うんですが、裁判所のお考えはどうですか」と尋ねたところ、裁判官の結論は、「分からん。お前が適当にせい」ということでした。

私と金融機関は一所懸命知恵を絞りあって、「一〇%処理した分は一般債権にする」ことにしました。「一般債権にしたら、また配当請求ができる。だから実質上五%配当したら、五%を破産財団に上納した」というかたちです。当時の商工中金や中小企業金融公庫などの国策会社は会計検査院の監査があります。その担当者が、「先生、その考え方は会計検査院もクリアします」と言ってくれたので、それで、金融機関も全部ＯＫとなったんです。
ところが、某巨大都市銀行だけは納得しません。銀行の言い分は、やはり、「どうして一〇％も上納しなければならないか」です。そこでその銀行には、「事務所出入り禁止」と言い渡しました。「さらに、任意売却も一切協力しない。合法的な妨害は徹底的にやる」と言い添えました。巨大都市銀行に宣戦布告したことになります。そうしたら、この銀行は交渉が上手です。本店から、私の事務所にお詫びにやって来ました。

銀行員　先生。Ａ弁護士をご存知ですか？

萬年　よく知ってるよ。

銀行員　実はＡ弁護士は、私の実の兄でございます。

本店の担当者が、開口一番、言うわけです。仲良しの弁護士の弟とけんかするわけにはいきませんから、「これはうまいなあ～」と思って、「まあいいだろう。あなたの考える一〇％ルールの問題点を言ってみなさい」と言って、彼と議論して解決しました。その代わり、私はその銀行の二二件の担保物件を全部任意売却で売ってあげました。

押し売りもしました。というのは、銀行は山林を担保にとっていますが、「うちの担保物件がない、ない」と言うわけです。私もそのとき初めて知ったのですが、山というものは、山林地主でも、一カ月間自分の山に行かないと、自分の山の場所が分からなくなると言うわけです。それは銀行の担当者も破産会社の社員も「うちの山をちょっと見て来い」って言っても「場所が分からん」と言うわけです。それで結局、ある山林地主にアパートを買ってもらいました。「おまけにね、山を買ってくれんですか？　今、山が安いっていうのは分かってますけども」「いや、山は要りません」「いや、そう言わんで。安くしておくから。おまけに買って！」と、無理やり一〇〇〇万円で買ってもらいました。担保価値は一億円以上ありました。だから銀行は、「一〇〇〇円でも一〇〇〇万円でもいいから高く売ってくれ」ということで、抱き合わせで売買したわけです。

結局、私が担保物件を任意売却として全部きちっと売ってあげたから、その都市銀行は損金処理をすることができたわけです。これが私の銀行に対する「貸し」の内容です。

某都市銀行本店債権管理部長

私の依頼者のパチンコ店のメインの銀行がこの都市銀行でしたから、やはり私は、この銀行の本店に頭下げに行くべきだと考えて、懇意にしていた福岡支店の方に電話しました。「本店の誰に会っていいか分からんから、ちょっとあなたがアポとってくれんか」と言ったところ、たまたま副支店長が居て、「ああ、先生。本店の管理部長が先生の所に挨拶に来るっていってましたから、来させていいではないですか」と言います。「いや、あなた。それは筋が違おう。やっぱり、債務者か代理人が本店に行くのが筋だ」「いいやないですか。来たいって言っているんだから、私が道案内します」こう言って、本店の債権管理部長が福岡においでになりました。

債権管理部長は開口一番、「いや〜、先生にはいろいろとお世話になってます。私は先生を絶対的に信頼しています。しかし、先生の依頼者は信用しません」と言いました。さらに「債権の保全策をとらせてくれませんか？ 私どもは抵当権実行を申し立てます。ただし、絶対に競落はさせません。競売期日が来た場合には延期申請しますから」と言います。

それでは他の債権者をだました結果になるのですが、私は「そこまで、部長がおっしゃるなら、それでいいですよ」と答えました。結局、その銀行の物件は、全て第二会社に移管しました。

社長が抵当権が設定された建物を破壊した

それと、こんな「事件」がありました。借金の担保として土地・建物に抵当権を設定すると、その不動産は、刑法の世界では他人のものになります。いくら所有権が自分にあるといっても、担保権者の同意を得ずに壊したら、建造物損壊罪に問われます。建物を壊したあとで執行官が現況調査にやってきました。当然、「担保物件の建物がない！」と大騒ぎです。そんな状況で依頼者の社長は、無邪気に「先生、うちは建物ぶっ壊して、次の建物をたてたから、もう無担保ですよ」と、言う。「これはやばい。お前、刑事事件になったらどうするつもりや？」と社長に告げて、すぐに私は、担保権者である銀行本店の債権管理部長に連絡をして、「すいません。うちのほうがミスして、抵当物件をぶっ壊してしまったみたいです。いくらの詫び賃で許してもらえますかね？」とお詫びしました。債権管理部長は、「まあ、先生。二〇〇万円くらいでどうですか？」と言います。私は、「わかりました」ということで、ぱっと二〇〇万円を送金したことがあります。

このように私は、債権管理部長とは非常にウマが合いました。九州の大牟田出身の方でした。九州の大学を出ておられて、部長が福岡に出張されると、必ず私のところに寄られて、「どうですか、その後パチンコ店は？」ということで、いつも経営状況を説明していました。部長は私の説明に対して、いつも「わかりました。頑張ってください」と言ってくれました。

債権管理部長は、「うちの銀行関連の他の案件だけれども、先生。この会社、どういう会社？

これこういうふうに相手方は言ってるけど、信用していいのかな？　この弁護士はどういう弁護士？」などと、私の案件とは無関係の事件についても、相談をしてくれました。私も率直に、「この人はだめよ。信頼できんよ」などとアドバイスしていたことから、私と債権管理部長との間に信頼関係ができていたのだと思います。

銀行員らしからぬ銀行員と弁護士らしからぬ弁護士

もうひとつの問題は、依頼者であるパチンコ店が元利金をずっと払っていなかったことから、遅延損害金が一〇億円くらいたまっていたことです。債権管理部長は、せめて遅延損害金をカットしてあげようということで、稟議書を書いてくれていました。書いている途中で、私のところに電話してきて、「先生。今、一〇億円の遅延損害金を全額カットしろという稟議書を書いているのだが、一円ももらわんで一〇億捨てろというのはね、どうも据わりがわるい。一億円送ってくれないだろうか？」と、こうおっしゃるわけです。私は一瞬、本気か冗談かわかりませんでした。「部長、何にも担保なしで一億送るの？」「一億を取られたとなると大事になるぞ。弁護士に損害賠償義務が発生するよ」「そうですな。銀行員らしからぬ、要求です」。こう言われた私は、即座に、「わかりました。ちょっと私、社長に聞いてみます」

と答えてすぐ電話を切り、今度は社長に、「社長、どうする？　銀行から騙されるかもしれない。俺は一億円の責任はとれない。お前が決断せい！」と社長に下駄を預けました。

社長には、私と債権管理部長とのやり取りを四六時中ずっと報告していたことから、社長は部長の人柄というのをほぼ理解していました。社長は、「先生、腹をくくりましょう。一億取られても、先生のことは責めん」と、言ってくれました。私はすぐ部長に電話して、「今から一億送金します。その代わり、梯子は外さんでしょうな、部長？　梯子を外したら許しませんよ」と、言いました。部長は、「先生、ごめん。俺も銀行員らしからぬことを要求して、先生まで弁護士らしからぬことをさせてね」。私は私で、「弁護士らしからぬことを今からやるから、梯子を外さないって約束ですよ！」。こう言って、秘書に一億円を銀行に入金させました。結果は、約束どおりに遅延損害金のうち九億円をカットしてもらいました。

本件を受任して三年目くらいのときだったでしょうか。パチンコ店の経営も順調にいっていることから、私は債権管理部長に、「部長。うちに新規融資してくれませんか？」と、お願いをしました。ところが部長には、「先生。まだ入院中の身で、そんなこと言える状態じゃないでしょう。その次は通院。その次はリハビリ。快復するのはまだまだ先ですよ」と言われてしまいました。

その後、たまたま熊本支店の支店長が私の事務所に来たので、私が「いや〜、今度、新店舗を作るからね、最低でも二億円くらいいるだろうな。二億円融資してくれませんか？」と言いました。すると支店長は、「熊本にパチンコ店はいっぱいありますけど、二代目が育っているのはお宅さんだけですな」「そうやろ。あなたもそう思うね？」「思います」「そんなに褒めるなら、二億円くらい出してよ！」こう言って、融資の交渉が始まりました。

その融資の交渉のときに、私と社長はお互いに勘違いして、私は銀行の熊本支店に行って、社長は私の事務所に行くというすれ違いが起きました。熊本支店長と話をしていたところ、支店長は私の大学の後輩であることがわかりました。「お前、俺の後輩か！」ということで、「ならお前、二億円出せ！」「いいですよ。ただし、その代わり条件があります。スワップが必要です」「スワップは借主になんの役にもたたんやろうが？　銀行の手数料稼ぎやんか。お前、ノルマあるんか？」「はい、あります」「スワップするなら二億円出すな？」「はい、出します」、ということで、私と支店長との間では、融資の話が進みます。しかし社長には、「これは当社には何のメリットもない融資やぞ。むしろ、損する可能性が大きい。銀行の手数料稼ぎだ。それでもいいのか？」と言いました。これを聞いていた社長は、「先生。二億円の融資だったらロスが出ても二、三千万でしょ？　だけど、この銀行から二億引っぱったっていう実績は大きいですよ。スワップでいいから、この銀行から二億引っぱりましょうや！」と言ったのです。その時私は、社長を偉いと思いました。

そこで私は、支店長にこう言いました。「お前な、先輩の言うこと聞くやろ？　竣工式であいさつしろ。それがうちには一番メリットがある。お前の出世に貢献してあげたんだから、それぐらい貢献せいよ！」。支店長はその約束を守って、竣工式であいさつをしてくれました。そうすると、社長たちを見る世間の目が急に変わってきました。「あそこの後ろには某巨大銀行がついている」ということで、同業者と他の金融機関が目の色を変えたのです。その後、実際に地銀のほうからも、「借りてください」と言ってくるようになりました。

中小企業は銀行とどう付き合うべきか

もともと私は、地銀二行論です。メインの銀行は地銀二行に絞る。都市銀行をメインにしてはいかん。都銀は逃げ足が速い。甘いことをいろいろ言ったところで、所詮彼らは大企業がお客なのです。中小企業や個人を客などとは思っていない。だから、都銀とは必要最小限の付き合いをして、「当社は都銀とも付き合いがあります」と、宣伝に使うくらいでちょうどいい。「地元の銀行を大事にしなさい。だからといって、取引銀行が一行というのもだめ」

と、いつも言っています。

ある銀行には「一行会」というのがあります。「お宅の銀行としか付き合いません」という企業ばかりの会です。ところが、その銀行の幹部は、「重荷なんです」と言うのです。「(融資先の経営が悪化したとき) 逃げたくても逃げられません。あなた好き好きと言われて、逃げるわけにはいかんやないですか?」とも言います。だから私は、「取引銀行を二行にしろ」と言っているんです。さらに、「その二行との付き合いにはメリハリをつけよ」、とも言っています。

9　売上金の管理

債権者への支払のしくみ

私は金融機関と定期払いを約束していました。私の弁護士としてのモットーは、「約束したことは必ず守る(依頼者にも守らせる)」ということです。だから、今回の企業再建のケースでも、それを必ず実行するためにはどうしたらいいだろうかということを考えました。結局、「私が売上金を管理するのが一番いい」ということで、私が管理することにしたのです。

ただし、パチンコ店の出費というのは大きい。電気代だけでも、千万単位です。それを管理して、私が債権者にずっと支払っていたら、支払う桁が違うものだから、万が一ミスをしたときが怖い。そこで私はこうしました。

売上は全部私のところに送らせておいて、会社に必要なお金ができたら、経理部長が私に「本日一億円送ってください。一億円の内訳はこうです」と、送金依頼状を書くわけです。書類は私が全部チェックしていました。チェックしておかしいと思ったら、私はすぐに経理部長に電話して、「この一〇〇〇万円は何か？　初めてみるようなお金の項目やけども？」「いや～、それは～……」。答え方でわかります。「これはなんか俺に隠しとるな」と思って、「九〇〇〇万円送る」と言い渡し、経理部長から各債権者に送金をさせました。一社の送金ミスも私のミスですし、何億円の額の桁を間違えたら私は破産しないといけないので、それだけは防ぎたいと思いました。

まして私も人間ですから、一〇億円が入っている通帳をみたら悪魔のささやきに負けるかもしれない。だから私は、通帳は絶対に自分の机の引き出しには入れず、担当秘書に預けていました。さらに、うちの事務長がダブルチェックする。社長が私の事務所にきたら、通帳をもってこさせて社長に確認してもらう。「あ、そんなもんじゃないですか？」社長も経理部長に聞いて、預金が萬年のところにいくらあるか、ということを毎日チェックしている。お互いに部下を通じてチェックしている。だから、最終的に全ての店舗を第二会社に移管した段階で、もう私が預かる理由はないことから、預かり金は全部清算しました。そのとき、正直言って、ほっとしました。

弁護士が一番心配するのは、依頼者の預かり金の横領です。だから、それだけは細心の注意を払っています。銀行は預金口座に一億円なり一〇億円なりがあるものだから、「先生、何の金ですかこれは?」と興味津々で、最初は「定期預金にしてくれ、定期預金にしてくれ」と、しきりに勧誘をしてきましたが、「冗談じゃない。人様のお金を定期預金にするなんて、おれが着服したと思われるじゃないか!」と言っているうちに、最後は何も言ってこなくなりました。

預かり金口座

本件のパチンコ店グループには、会社が三社くらいありました。けれど私は、預かり金口座を一つだけ作ったのです。「〇〇グループ代理人弁護士萬年浩雄」名義で、そこにずっと三つの会社の売上金を入れていました。これを知った、件《くだん》の都市銀行本店の債権管理部長が、

「先生もうまい手を考えましたなあ！」とおっしゃるわけです。「なんのことですか？」と尋ねると、「当行が先生の預かり金口座を仮差押えしようと思ってもできないじゃないですか。三つの会社じゃなくて、○○グループ代理人弁護士萬年浩雄、要するに同窓会の会計さんたちが通帳を作っとるでしょうが。あれと一緒ですよ。だから仮差押え防止策としては、いい思い付きですなぁ」とこう言われて、あとで「あ、そうなんだ。私はなんて頭がいいんだろう」と、自分で思ったくらいで、人にその効果を教えてもらいました。

実は、私は単純に、私の金と依頼者の金を混同しないようにという形で分けただけです。それなのに、そういう副次的な効果がありました。

10　不採算店と採算店の振り分け

月一〇〇万円の純利益でも不採算店

「不採算店は基本的に売却する。売却しても、担保割れが生じた分については、これは銀行に事実上の債権放棄をしてもらう。採算が見込める店舗は、第二会社に譲渡して第二会社で経営をする。採算店と不採算店の区別を誰が決めるかは、基本的には経営陣に任せる」

このようなスキームで採算店と不採算店を割り振っていきます。ただし、採算店かどうかについては、私の事務所で常に議論していました。「先生、A店は売りましょう。やっぱりB店を残しましょう」と当初、我々の間で決めていたものも、一カ月後には逆転するケースもありました。私が、「お前ら、先月はこう言うたじゃないか？」と言うと、「いや、情勢が変わりました。やっぱりA店を残すべきです。B店の近くに強力なライバル店ができたから、うちは持ちこたえられません」という答えが返ってきます。

採算という点では、私だったら、「純利益が毎月一〇〇万円あれば毎月一〇〇万円の返済原資ができる」と単純に思ってしまいます。ところが経営者というのは、「先生、パチンコ店が一カ月に一〇〇万円の純利益じゃ、経営する意味はありません。これは売りましょう！」と考えます。「そうかい？　一〇〇万やったら年間じゃ一二〇〇万じゃ。もったいなくないかい？」「いいや。そんなのは経営する意味ないですよ」と。それで、思い切って売ってしまう二九歳の社長の経営感覚には感服しました。

パチンコ店経営の要諦

彼らとずっと一緒に再建をやってきますと、パチンコ店経営の要諦というのがだいたい分かってきました。パチンコ店の経営の要諦のひとつは、結局は囲碁と同じで、地の利の世界なのです。言い換えれば、陣地をどこにおくかが重要になります。

もうひとつのパチンコ店の経営の要点は、キャッシュフローです。現金をなんぼ持っているか、ということです。というのは、自店の近くにライバル店が出店します。そのライバル店をつぶす方法としては、パッと出玉率をあげて、お客さんに玉をボンボン出して、つまりは現金を出して、客寄せをすることなのです。ライバル店も新規オープンということで、最初はパッと出玉率をあげます。彼らは毎日必ず、何回もお互いの店を観察しに行っています。

ライバル店には客が何人くらい入っていて、出玉率はどのくらいだろうかと、お互いに相手の店の状況を観察しあうわけです。そうすると、ライバル店をつぶすためには、どれだけキャッシュを持っていて、どれだけ玉を出せるか、客寄せできるか。これがパチンコ業界の競争の世界です。それでいて、大型店ができてうちでは対抗できないと思ったら、自ら閉店します。これの繰り返しです。だから、パチンコ店の経営については、「どの場所で開業するか、営業するか」それと、「どれだけ現金を持っているか」これに尽きるのです。

ところが、パチンコ店経営者は往々にして、「自分が借りたお金を返さなくてもいい」、「借りたものは自分のもので銀行に返さんでいい」という思い違いをする人がいるから、今パチンコ業界が批判されています。私は今、パチンコ店の再建にかかわっていますし、福岡県遊技業協同組合の顧問もやっていますから、新年会とか定期総会などでは、いつも「皆さんがたは銀行を舐めちゃいかんですよ。借りたものは返さないといけません。借りたら、これは自分のものだから銀行は口出しするなと言うような、そういう横着もんには、結局のところ天罰が下ります」と言っています。

11　不採算店の売却

弁護士に債務の保証をさせようとする銀行の常務

以上のように、再建のために不採算店を売却することを考えるわけですが、売却までには何回も何回も打ち合わせをして、売却金額はどれぐらいか、リース会社にはいくらか支払うのかという計算をします。パチンコ店の買主というのは、だいたい同業者であるパチンコ店です。というのは、売却代金は、パチンコ店の営業権付きで売ったほうが高いわけです。不動産だけの評価で売ったら、建物の使い勝手はなく、解体撤去せよなどと言われてしまいます。結局、土地代だけの評価で終わりです。

傘下のパチンコ店を売ることになりました。銀行からの借入金で負債は一七億円、その店舗には担保がついている。任意売却では、一二億円で売れることになりました。金額が金額なので、銀行の常務がやってきました。常務は、「この金額で結構です。そうすると、残りの五億円は萬年先生が払ってくれるんですね？」、と言います。私は敢えて質問しました。「なに？　私に億払えっていうの？　今そう言うたか？」すると「はい、部下からそう聞いています」と答えます。

とうとう私は、「おい常務！」と言って、彼を怒鳴りあげました。「お前！　銀行が店舗作るときに、常務であるお前がいちいちゼネコンに保証するのか？　お前、今それを言うたんやぞ！　弁護士に債務の保証をさせるとは何事だ？　お前、絶対に許さん。銀行員として絶対に許さん。この話は流そう。これは競売にかけることにする！　競売言うたら（競落代金は）二億円にも満たんだろう？　そうしたら（銀行は）一〇億ロスする。お前のミスで一〇億いうたら、大きいぞ。常務のイスはなくなるやろな？　オレは頭取に内容証明を書く！」

こう言ったところ、「すみません」と、常務が慌てて頭を下げてきました。さらに私が、「お前、辞めるんか？」と常務に言ったところ、担当者と担当部長が、「先生、私達に免じて許してくれんですか？」と言うので、「それでは一二億円で売ってください」、と言ってやりました。銀行の担保評価というものは、そんなものです。

貧すれば鈍するということ

この話には後日談があって、その銀行が第一会社に支払請求訴訟をしてきました。私は第一会社の資産を空っぽにしていましたから、銀行は、訴訟で勝ったところで、取れるものは何もない。私たちは苦痛を感じません。そこで「いったいこの銀行の体質はどうなっているのか」ということを準備書面等でがんがん書きました。案の定、訴訟では負けましたが、私たちのスタンスは、「取れるものなら取ってみろ!」ということですから、銀行は結局何も取れません。

ところが、訴訟のあとで、その銀行は、なんと私を顧問にするというのです。頭取と専務あたりが、「萬年弁護士は敵に回したら大変だろう? そういう弁護士を味方につけたら、心強いのではないか?」と言ったそうです。私から怒鳴られた常務だけが、萬年だけは絶対にダメだ!」と、言い張った。しかし、常務は、「(そんな反対をしていて)君はあと何年この銀行にいられると思うのか?」と因果を含められて、私をこの銀行の顧問にしたと、後日そう聞きました。

この話を聞いて、私は「貧すれば鈍する」というのは、ほんとうのことなのだなあと思いました。特に製靴会社の再建の事件で、私は銀行折衝担当でしたから、全国の一〇〇の銀行と交渉をしました。その時に私が本気で喧嘩した銀行というのは、都市銀行を含めてみんな清算をしているか、吸収合併されています。結局、銀行にも体力がないと、債務者に対して品が無い、無茶な要求をするのです。

同じような「貧すれば鈍する」の話をしましょうか。ある銀行系ノンバンクとの交渉も、思い出深いエピソードのひとつです。何回も何回もノンバンクの社長と部長と打ち合わせをして、「これでいいですね？　残債はカットですよね？」と言って、債権を売ってもらったわけです。ところがそのノンバンクから二カ月後に内容証明で、残債務を払えという請求が届きました。私は怒り心頭に発して、依頼者の社長と一緒に、ノンバンクの社長のところに押しかけていって、「これはどういうことだ？」と怒鳴りました。「お前は男の約束を破るのか？」社長は、「そんなことはない」、と言いながら、そばにいる部長に対して、「私の言っていることで、何か嘘は言ってるかね？　きみはずっと交渉の席にいたよねえ？」と、涼しい顔で言います。ところが部長は、「萬年先生のおっしゃることに、嘘は一切ありません」と答えます。私は、「おれは社長を社会的に抹殺する。だから今日限り、内容証明で（あなたの会社の親会社である銀行の）頭取にこの事実を伝えて、記者会見する！」と怒鳴りあげたところ、ノンバンクの社長は慌てて、「すいません。謝罪します」と言ったのですが、私は、「遅い！」と言ってノンバンクを後にしました。その後、そのノンバンクは特別清算してしまいました。

驚かされるのは銀行やノンバンクだけではありません。店舗の買主はほとんどがパチンコ店です。彼らは我々の足元をみて、ありえない要求をしてきます。「決済する前に引き渡してくれんやろね？」私は、「そんなバカな事あるかい！」と答えます。私は社長に言いました。「決済する前に荒稼ぎしろ！」

ノーマルなパチンコ店の粗利率は、ほぼ一〇％から一二％ぐらいです。これを急に三〇％ぐらいに粗利率を上げてしまうと、当然、客離れします。売った後は野となれ山となれの世界です。思い切り粗利率を上げたあと、私は社長に必ず聞きます。「この前売ったあの店、客の入りはどう？」「あー、もう閑古鳥が鳴いてます」。こう言う感じでやっていました。

12　採算店の第二会社への営業譲渡

採算店を第二会社に移行する場合の担保権者の最大の関心事というのは、自分の抵当権の順位がそのまま保全されるかどうかであって、その要求は当然の要求です。その要求をどう実現したかというと、不動産の名義は第二会社に移しますが、担保権者との間で第二会社が重畳《ちょうじょう》的債務引受契約を締結します。わかりやすく言えば、すでにいる社長などの保証人に加えて、第二会社を連帯保証人に加えるということです。担保はいじりませんから、第一会社の担保権者の順位保全はできることになります。こういう手法を使いました。

パチンコ店の敷地は何千坪の単位ですから、売買すると不動産譲渡税や不動産取得税が発生します。不動産譲渡税は、譲渡益は発生しませんから非課税ですが、不動産取得税は必ず発生します。敷地面積何千坪クラスの取引になると一億円ぐらいの取得税になります。第二会社には新規の融資は入ってこないので、不動産取得税は内部留保でまかなうしかありません。やはり一億円もの税金を支払えば、経営はきびしくなります。だから一年に一店舗ぐらいしか、第二会社に移すことはできませんでした。

同じようにリース会社とリース契約について重畳的債務引受契約を結ぶ前に、リース契約が五年契約だったら一〇年契約に組みなおす。金融機関との金銭消費貸借契約は二〇年くらいに組み直す。それをひとつひとつやって毎月のキャッシュフローを豊かにする。こういうふうに契約の組み直しをしていきました。

13　銀行からの不良債権買い取り要請

再建中の会社がパチンコ店を買う

世の中にこういうことがあるのかということも経験しました。我々が必死で立ち上がっている最中に、社長のところに、「不良債権を買ってくれませんか」と、銀行が頭を下げてきたそうです。社長が「冗談じゃない！　ウチが生きるか死ぬかの瀬戸際に、人様のお手伝いなんか出来やしないでしょう？」と答えると、銀行担当者は、「いや、お宅はホントに再建途上ですか？　お客が一杯じゃないですか？」と言うから、社長は、「うちは萬年弁護士が経営を見てくれているから、そんな話は萬年に言うてくれ！」ということで、某銀行の熊本支店長が私のところに融資の話をもってきたわけです。

支店長は、「私はお二人の話をずっと聞いていたが、社長と弁護士は全く意見が一致する。だから是非買ってください」と言います。私が、「不良債権なんぼですか？」と聞くと、支店長は「一〇億円です」と答える。支店長は、「店舗が六店舗ある。是非一〇億円で買ってくれませんか？」と、金額まで提示する。

そこで私は社長たちを事務所に呼んで、営業本部長に「どうする？」と言ったところ、「先生、是非買いたい。買いたいのは六店舗のうち一店舗だけ。あとはいらん」と答えます。次に経理部長に、「資金繰りはどうや？」と聞くと、「ギリギリです」と答えます。私が、営業本部長に、「お前みたいな若造が、人様が失敗したパチンコ店を経営できるのかい？　失敗したらどうするんや？」と問い詰めると、営業本部長は「切腹します！」、と答えます。最後に、「社長どうする？」と聞くと、「先生、買うてくれんやろか！」と言う。私も「わかった！」ということで、また支店長を呼んで、「買ってもいいけど、うちは金無いよ。どうする？」「いや融資します」、「不良債権が一〇億円やろ？　リニューアルするには、運転資金が七億五〇〇〇万円必要だよ。だから、一七億五〇〇〇万円融資してくれたら買《こ》うちゃる。ただし、買うのは一店舗ね。あとはいらん」「ああ結構です。融資しましょう」、ということになりました。

その会社は合資会社でした。熊本は合資会社が多くて、昭和四〇年台とか五〇年台でも、合資会社を設立しています。大体合資会社というのは、田舎の造り酒屋や味噌、醤油製造業というのが通り相場でしたが、熊本あたりは合資会社のパチンコ店も多く存在していました。

早速、公認会計士の先生に、隠れ負債が無いかを徹底的に調査してもらい、会社分割の手続きをして、欲しい一店舗のみを確保する段取りをしました。

銀行は一七億五〇〇〇万円を融資して、三カ月以内に店舗を確保することにしました。決済の日、心配になった私は銀行の支店に出かけました。案の定、揉めていました。支店長は、「一七億五〇〇〇万円のうち、五〇〇〇万円だけは短期融資だから手形貸付にしてくれ」と言う。私は会社に対して、一貫して「手形の発行は一切まかりならん！」と言っているので、日々の取引はすべて現金決済です。この私の指示を社長たちは、銀行融資でもきちんと守ろうとしました。ところが、今回は短期融資なので、銀行としては手形貸し付けでないとまずいということで、銀行と社長は押し問答になってしまったわけです。そのことで銀行と喧嘩して、一七億五〇〇〇万円の融資がなくなるのももったいない話なので、経理部長に「五〇〇〇万円の手形貸し付けは、絶対に決済できるか？」と聞いたら「できます」という。そうであるのならば、今回だけは例外として認めようということにしました。

社長に絵を贈る

社長が豪邸を造ったことも懐かしい思い出です。大番頭が約束どおり、社長に「豪邸を造ってあげたよ」と言ってきました。そのとき、一七億五〇〇〇万円を融資してくれた銀行の頭取がわざわざ新築のお祝いを持ってこられた。表向きは新築のお祝い。しかし、ほんとうの目的は、「またパチンコ店を買ってくれ」ということでした。

私は社長に、「そこは冷静なビジネスジャッジをせよ！」と言いました。「そのパチンコ店は、お前の手でモノになるか？」と問うと、社長は、「なりません」と言います。「それなら、二週間ぐらい返事はしないでおけ。二週間後ぐらいに社長が本店に出向いて、あの店は私の手に負えませんと、丁寧に答えるんだ。だけど、あなたみたいな若造に、銀行の頭取がお祝いを持ってくるのは異例のことだと思うよ。ありがたいことやね」。私もこの社長は、顧問会社のなかで一番好きな社長だから、新築のお祝いをしようと思い、絵を送りました。

私の行きつけのデパートの外商に私の予算を言って、絵を一七枚持ってこさせ、社長に、「この中で一枚持っていけ。どれでもいい。ただし一枚だけだぞ」。こう言って、プレゼントしました。デパートの外商担当者が、会社と社長の自宅を回って、「お帳場カード」という大得意さんしか作ってもらえないＶＩＰカードを社長のためにすぐ作ってくれたそうです。その話を後日聞いて、外商担当者に、「何であなたはお帳場カードを作ってあげたの？」と聞くと、「会社に行ったら、従業員の教育がしっかりなされていました。社長もしっかりしているのがわかります。私は社長のご自宅にも伺って、社長とお会いしました。ですから、私の権限でお帳場カードを作らせていただきました」と答えました。その外商担当者の目は狂っていません。見る人はちゃんと見ています。私が絵を送ったことで、社長は絵に夢中になり、その後五、六枚ぐらいそのデパートで買うようになって、私はデパートにいい客を紹介したのです。

人は顔で判断する

私は六一歳になったので、人を顔で判断しています。小学校の道徳の時間には、「人を顔や、外観で判断してはいけません」と教えられました。でも、リンカーンは、「男は四〇歳になったら自分の顔に責任を持て」と言っています。この言葉のほんとうの意味が分かる年齢になったのです。というのは、私は私と相対している依頼者が私に本当のことを言っているのかを、じーっと見ています。中州のママさんだったら、「この人は今晩の飲み代ちゃんと払ってくれるんだろうか?」そういう目でじーっと客の顔を見ている。銀行の融資担当者は、「この人に融資しても借入金を返済してくれるだろうか?」を見ている。本音は、みな相手の顔で判断しているのです。それでもだまされることがあります。銀行の融資担当者にも、「あなたも顔で判断しているだろう?」と聞いたら、「そうですよ」と、みんなこう答えます。

14　従業員の問題

企業再建で重要な問題として、従業員の問題があります。企業再建においては、常に会社にとっての最高機密ですから、経営陣と私は従業員に対しても、いわば密談をしているわけです。当然、幹部社員や一般の従業員には、「和議を取り下げて、そのあと再建はどうなったのだろう？」という不安が広がっていました。そこであるとき社長が私に、「従業員の前で、一時間ぐらいしゃべってくれんですか？」と言いました。パチンコ店では、月に一回必ず幹部会議を行っています。一時間にわたって、和議申請から今までの経緯、今後の方向性を経営陣も同席させて説明しました。私の説明に従業員たちはみな納得して、不安な状態から一気に士気が上がっていったのです。

私は熊本に行ったときには、必ず店舗を見ます。入り口のところへいって通路を小走りしながら見ると、大体通路には客が何人ぐらいいるのかがわかります。「今日はえらい客少ないね。大丈夫ね？　木箱を足にして勝っている客もおるが、あんなに客に儲けさせて大丈夫？」と聞きます。社長は「先生、あれぐらいしないと、客は囮《おとり》にはなりません」と言いながらも、「客が少ない」という私の言葉に社長はむっとして、「それでは先生、近所のライバル店に行きましょう」と言って、私を連れて行きます。見れば当社の客の方が多い。よそのライバル店はえらい客が少ない。「そうでしょう? うちは営業努力していますから」と、社長は胸を張って言うのです。

今私は、パチンコ店の再建だけで四件やっています。このうち完全に再建が完成したのは、この会社とあと一店舗です。

15 あるノンバンクとの闘い

火災保険などで便宜を図ってくれたノンバンクとは、熾烈な戦いをしました。担保が付いた物件が二つありましたが、ひとつはきちっと第二会社に移管されていて、もう一店舗は一年後に見直そうという確認書が取り交わされていました。その店舗は、なるべく第二会社に移管する予定だけれども、移管するかどうかの分岐点である採算店かどうかの判断は、日々変わるわけです。

結局のところ、この店に対する社長の決断としては、「もう第二会社には移管しない。売りましょう。一五億円の借金をこの店舗では返す能力はない」ということで、手放すことになりました。そのノンバンクは、「それは、約束が違う！　確認書に違反する！」と言うわけです。とうとう喧嘩になって、ノンバンクは第二会社の株式に仮差押をしてきました。冗談じゃないだろうと、こちらも争い、その結果、仮差押決定は取り消されて本訴になりました。「天下のノンバンクであるお宅みたいな会社が醜い争いをしゃちゃいかん。債権は早くサービサーに売れ。一五億円の債権は、どうしようもないやろが？」。私がそう言ったところで、向こうも頭に血が上っているので、抵当権を実行してきました。一店舗は、自己競落をしようとしたが負けました。もう一店舗は捨てました。その物件は不採算店で営業してもうまみがないからです。ノンバンク側の弁護士も頭がよく、「萬年さん。債権を売ればいいやんね？売ったら本訴取り下げるよ」という交渉になりました。

16　サービサーとの交渉

一五億円の債権を買ったサービサーがどういう会社かも、私は良く知っていました。ところが本件の担当者に連絡をしても、何にも言ってこない。「一五億円の債権の話やったら、東京から飛んできて当たり前やないか?」「いやいや、私は机から離れることができません」、「私が出てゆくから帝国ホテルで会いましょうや?」「いや私は机から離れることが出来ません」。私は「そんなサービサーは初めてや!」こう言って、私はいたずらしました。

私は付き合いのあるサービサーに、「あのサービサーに債権を買いに行け!」と依頼しました。担当者は、「それでこの債権の取得原価は、なんぼにする? 先生?」、「二九〇〇万円ぐらいでいいよ」。やっと一五億円を買い取ったサービサーが動き出しました。サービサー側の顧問弁護士がどうしましょうと言うから、「二九〇〇万円で買ってやる。だから一五億円チャラにせい!」と言ったところ、相手の弁護士は、「せめて五〇〇〇万円ぐらいは……」と答えたので、私は、「そうか五〇〇〇万円やね? なら聞いてみよう」と言いました。実は、私は社長からは一億円の支払いの権限をもらっていました。

ほどなくして、「五〇〇〇万円。手打った。それで払う、一括払い!」と即決です。サービサーの担当者は、「社内で稟議書を書きます。決算書とか、連帯保証人の確定申告書を送ってくれませんか?」「送らん。それは送らん。五〇〇〇万円払えばよかろう?」「それは困りましたな」「お宅は金融庁からの会計監査あるか?」「いや無いですけど……」。

それで考えたのは、「うちの関係会社で五〇〇〇万円で債権を買う。そうすればどうや?」、ということでした。当然、答えは「それなら決算書は必要ありません」。それで別の会社にサービサーから債権譲渡させたのですが、損金処理はできません。そのかわり免除益対策もしないでよくなる。というのは第一会社は休眠しており、法務局の職権抹消を狙っていることから、廃業届けもしており、税務署が来ても、「あ、財産ありませんよ」と言うことで終わりです。

これでこの企業の再建は、ほとんど終わりました。

17　総括

経営者の器

私が思うに、この二九歳の経営者、これは本当に経営者の器です。彼の学歴は、工業高校卒です。でも私の数ある顧問会社で本当に感銘を受けるのは、中卒、高卒の創業者オーナーなのです。彼らには経営哲学があります。

一番つまらないのは一部上場企業の社長たちでしょう。彼らは確かに高邁な理論を展開することができるし、アメリカとか東京の最新の理論をよく勉強されておられます。でもお話を聞いていると、どこかで読んだことがある理論だなと思うのです。けれど、現場でたたき上げて育って、現場にいつもいるオーナーは、朴訥な言葉の中に深い哲学を持っています。それで私が、「社長がおっしゃっているのは、学者の誰々さんがこう言う理論で言っていることと同じです」と指摘すると、その社長は、「そうね？　オレの考えを学者が引用しとるかね？」と言います。私は、「うん。同じことです」と答えます。

「経営者の器」というものは非常に大事です。私はいつも言うのですが、世の中には間違って経営者になっている人がたくさんいる。特に二代目、三代目の問題に関しては、オーナーからの相談が多くて、「この人は後継者になるべきじゃない」と痛感することが結構あります。

少なくなった目利きの銀行員

それと銀行員に目利きが減ってきました。銀行員のレベルが下がってきたと思うのです。これは金融機関の幹部と話すと、彼らも異口同音に言います。私の友達をみると、金融機関に就職したのは優の数が多くて、人格高潔で成績優秀な人ばかりでした。だから自分で一所懸命勉強して、スキームを自分の頭で考えて取引先を救済したり、助けようという熱意と知性があった。ところが、このごろの銀行員には、そういう知性を感じない。情熱も感じない。

なぜ、私はそのように感じたかと言えば、別の社長が事務所に来て、「先生、うちの銀行の債権がファンドに売られる。ファンドってなんですか？」こういう相談が一週に三回です。だから、私は銀行は何を考えてるんだ？　と思ったわけです。五、六年前の銀行は、サービサーに債権を売ってあげて、それで取引先の負担を軽くして、そして企業再建に結びつくように裏で便宜を図っていた。地方銀行の場合においても、年末に倒産させたら従業員がかわいそうと思って、餅代として一億の新規融資をして、年明けには倒産することが分かったうえで、それでも年末に一億融資して、正月だけは営業させようという、そういう太っ腹な銀行マンが結構いた。ところがこのごろは、ファンドに債権を売ってしまって、「もうあとは知らんよ。俺、債権処理したよ」というふうになるわけです。なぜでしょう。

それには三つ理由があります。一つは、時代の風潮として銀行員が自分の頭で考えられなくなっている。要するに、インターネットの記述をみて安直に判断材料にしてしまうという風潮に象徴されるように、自分の頭で考えないこと。

それと、もう一つが、銀行が減点主義の人事体系をとっていることです。失敗したら減点されて、左遷される。自分で再建計画をたてても度胸がないものだからきちんと実行することができず、それが失敗した場合には減点されてしまう。それが嫌でファンドに売る。ファンドに売って、ファンドが失敗したら、「ファンドが悪い」と、こう逃げられる。

それと、もうひとつの元凶は金融庁です。金融庁が銀行の箸の上げ下ろしまで指導します。それでは金融マンとしては、やる気が出ないわけです。だから金融機関の幹部あたりと話をすると、「金融庁の職員を減らすしかないんじゃないか」という話になります。職員が多すぎて暇だから、金融機関に常駐して、「これが悪い、あれが悪い」と言われたら、金融マンとしてはうんざりするでしょう。だから、そういう意味で私は小泉前首相の規制緩和というのは、金融マンにとってはきつい評価だと思っています。こんな馬鹿なことはあるかと思うのです。私は小泉政権に象徴されるグローバリズム、規制緩和・市場原理主義というのは相当に問題だと思っています。

ファンドの問題性

それとファンドの存在です。みなさん、今は投資家はファンドに投資していますけれども、私はファンドが大嫌いです。ファンドの本質は、ハゲタカファンドにあると思います。要するに、世界経済・日本経済が、今では金融資本主義になってしまったのです。金融資本主義はおかしいですよ。市場原理主義うんぬんと言っても、あれは、アングロサクソンの経済学です。ヨーロッパ大陸のフランス・ドイツの人たちは、アングロサクソンとは人種が違いますし、ファンドに対して警戒心がものすごく強いわけです。まして、中国・産油国では、政府系ファンドが出てきているわけです。

このままだと、世界経済・日本経済はめちゃくちゃになります。中国系の政府ファンドが新日鉄の株式を買ったらどうなりますか？　簡単に乗っ取られてしまいます。

基本的に日本人は農耕民族なんです。額に汗を流して、田畑を耕して、そして、収穫を経てあ～よくやったと自分を褒めるし、他人をそういう面で評価する。農耕民族なんです。アングロサクソンは、元々が狩猟民族です。狩猟民族の特徴というのは、わが子といえども、親は自分の穴場というのを教えません。だから、狩猟民族といえば、日本で言えば、ホリエモンと村上ファンドの流れです。これは一時マスコミはものすごくもてはやした。あの二人が逮捕されてからは、大多数の日本人は拍手喝采した。彼らがこんなかたちではびこるというのは絶対おかしいということを日本人の多くは理解していました。

要するに、バブル経済のときは、みんな「おかしいおかしい」と思いながらも、ももやっとしていた。バブルがはじけて、「やっぱりいかん」とみなが言った。それと同じことが今起きているんです。アメリカのサブプライム問題もバブルの変形だと思っています。それに踊らされている。だから、ここが農耕民族というかたちで、私は金融機関に書く意見書に、必ずこう書くんです。「地方銀行の公共的使命とは何ぞや。地方銀行というのは、地方の産業・企業を維持、発展させるために存在する。それが公共的使命である。だからこのＤＩＰファイナンスは行うべし。この企業は助けるべし」と。私は、銀行に対する意見書をそのように締めているのです。

私は痛烈な銀行批判の意見書も書きました。要するに、くるくるくるくる銀行の方針が変わることに対して非常に立腹したことがあり、管理部から意見書を書いてくれと依頼されたときに、「経営陣は何を迷走していますか？」と書いたことがあります。そのときの担当者からは、「先生。もっと強い表現で書いていただけないでしょうか？」と言われます。「ちょっと待てよ。これ以上強く書いたら、お前は何様のつもりか？　って言われるじゃないか！」と言って笑いましたが。

意見書を出すと常務が来たので、私が、「また方針が変わったんですか？」と尋ねると、「はい」と答えます。「何を考えとるか！」と私は怒ります。少しすると、今度は専務が私のところに来るわけです。「また何か変わったんですか？」「はい。方針が変わりました」。

私は、「銀行というのは、なんでそんなに方針が変わるかな」、と思いました。銀行というのは、マスコミや警察や保証協会などに弱いわけです。以前私は、保証協会に意見書で「九〇〇〇万円を代位弁済すべきである」と書いて送ったことがあります。そうしたら実際に九〇〇〇万もの大金が出ました。これにはいろいろ裏話がありますが、総じて銀行も意外と押しに弱い、というふうに見ています。

企業再生は自立再生型で

九州の金融機関も事大主義なんです。九州に優秀な弁護士がたくさんいるのに、何かあると東京の顧問弁護士の意見を伺う。だから私は、銀行は何を考えているんだと思うんです。地元の大企業以下、みんなそう思っています。

私は企業再生のテーマで東京に講演に行った時に、こう言ったことがあります。「東京の弁護士は暇だから論文を書く時間がある。九州を始めとする地方の弁護士は忙しい。だからものを書く暇がない。地方は地方の弁護士に任せて、東京の弁護士は出てくるな！」と。これに対して、ある人が、「萬年君も、書いとるやないか？」と質問します。私は「その時はたまたま暇やった」と答えましたが。今度は、東京の高名な企業再建を専門にする弁護士が、「いや、萬年君。そう言わずに東京と地方の弁護士が手を組んで、一緒に地方の企業再建をやりましょう」と言います。しかし私は、「いらんおせっかいたい。地方の弁護士が一番地方に詳しいから、東京の弁護士なんて来んでいい。東京の弁護士は地方に行ったって野となれ山となれやろ。要するにスポンサーをパッとつけて、一丁上りで企業再生やろ?」と答えました。

私は、企業再生の基本におかれるべきは、自立再生型だと思っています。たしかに、M&Aですとかスポンサーを作って営業譲渡して、というのが「一丁あがり!」で、一番楽ですよ。でも、そのとき、オーナーとか従業員、取引先はどうなりますか? 経営者には、基本的には経営責任は取ってもらわないといけないけれども、自立再生を限りなく追求する。それができないときに初めて、スポンサー等の援助を得て、そしてM&Aをするか、営業譲渡するか、会社分割するかを含めていろいろな方法で企業再生ができるのだと思っています。

だから、私は基本的には地元の弁護士がもっと自信を持ってもらい、地方の企業が地元の弁護士を尊重すべきじゃないかというふうに思っています。時間をオーバーしたのでこれで終わります。

【著者】

萬年　浩雄（まんねん　ひろお）

1946年福岡県生まれ。福岡県弁護士会所属。弁護士。慶應義塾大学法学部法律学科卒業。九州大学法学研究科修士取得（修士論文「当番弁護士　いま何が問題か」)。1982年弁護士登録。1984年萬年法律事務所を福岡市で設立。2010年9月、萬年総合法律事務所と名称変更（弁護士14名、秘書11名)。「法律は常識にほかならない」、「義理と人情による法律問題の解決」をモットーとする。趣味は読書と音楽。家族と事務所メンバーには常に煙たがられる存在であるが、その理由は、ヘビースモーカーであるためである。

［著書］
『弁護士だからできること』（リヨン社)
『当番弁護士　いま何が問題か』（福岡県弁護士会)
『ロータリー例会会長挨拶集　例会でのひとこと』
『人を動かす「人間力」の磨き方』（民事法研究会)

熱血弁護士の事件ファイルⅠ
――企業再生編――

2011年　7月　17日　　第1版第1刷発行

著者　萬年浩雄

発行者　高橋　考
発行所　三和書籍
〒112-0013　東京都文京区音羽2-2-2
TEL 03-5395-4630　FAX 03-5395-4632
sanwa@sanwa-co.com
http://www.sanwa-co.com

印刷所／製本　モリモト印刷株式会社

ISBN978-4-86251-105-8 C2032